格致方法·质性研究方法译丛

质性资料分析

·第二版·

［英］格雷厄姆·R. 吉布斯　著　　林小英　译

ANALYZING QUALITATIVE DATA

2ND EDITION

GRAHAM R. GIBBS

格致出版社　上海人民出版社

推荐序：
在真实世界与理念世界之间

我们来到这个世上走一遭，看到了这个世界的很多碎片。从研究的角度来理解，这些碎片都是研究的资料，我们要去分析和解释，于是产生了一个又一个的概念，再根据一些逻辑关系，将概念搭建成一个理念层面的世界。由此，真实世界和理念世界有了分隔。我们自己也在普通人的日常生活与研究者的学术研究之间来回穿梭。在研究的状态下生活，在生活的状态下研究，这大概就是质性研究范式所倡导的。从伍威·弗里克（Uwe Flick）主编的"格致方法·质性研究方法译丛"（英文版原名"SAGE质性研究工具箱丛书"）所包含的10卷书中，我们首先就能体会到这种研究与生活相互纠缠、相互救赎、相互冲突也相互提升的常态。

从真实世界到理念世界，研究者通过"拟态"的本领，将世界的碎片转换成"文本"。从理念世界到真实世界，文本通过影响人们信奉的理论，调校人们的行为，增加了已然存在的世界的复杂性，当然也有可能带来一场革命性的突破。世界并不只是当下这一刻的时空情境，它总有一个漫长的过去，是由很多作为"历史存在"的人和事组成的。任何一秒钟都瞬间即逝，那么我们研究的"事实"到底是什么？时间线索把历史维度牵引了出来。加上历史的维度，我们原来所了解甚至深信不疑、刻板印象当中的访谈、观察、焦点小组等资料搜集技术就都值得商榷。在这个由无数历史碎片所构成的世界里，我们所捕捉的任何资料都是微尘。尽管在今天的学术研究中，采用这些技术去搜集资料已经成为了质性研究范式中"实证"取向的过程样态，研究者为此付出努力就能表明研究工作的效度和可信度。然而，在这些方法和技术之外，我们还能拓展什么？还要不要继续纠结在已经占据 20 世纪研究方法领域主导地位的概念体系之中，竭力证明质性研究的实证价值？质性研究对人类社会的考察，早已被放置在"社会科学"的理解框架之中，而历史、语言、艺术、哲学、伦理、道德等面向，又该如何对待和处理？

质性研究方法是研究者在真实世界和理念世界之间穿梭的路径之一。当我要去认识这个世界的时候，这个方法让我看到了什么，又让我看不到什么；它帮我解答困惑，可能又给我带来新的困惑。当我在一个完全不懂当地语言的异国中生活时，原来习以为常的人际互动方式几乎变得不可能，我回到了"手舞足蹈"才能比划出自己想要表达的意思的童稚状态，同时又类似一个青壮年文盲。通过语言文字来接收信息和传递信息的方式变得不再有效，生活上的艰难此时刺激出一种方法论的反思：在真实世界的尽头，如何通往理念世界？在理念世界的尽头，又如何接引真实世界？通过强调社会性的"互动"为研究过程而起家的质性研究方法，是不是需要重新定义互动？我做了什么？应该做什么？如何找到自己的位置？用什么工具？沿着什么路径？会遭遇什么困难？能达到什么目标？甚至，在这个过程中如何监控过程和质量？读者朋友可以在这 10 卷本的丛书中找到诸多细致的提醒和讨论。

质性研究方法在中国学术界已有 20 余年的引荐和接受历程，但也一直面临一些经典的质疑，如这种方法是否科学，个案是否有代表性，抽样要多少个合适，有没有研究假设，是否要发展理论，与新闻采访有何区别……甚至有些定量研究的拥趸像面对异类的宗教信仰般排斥质性研究，而且拒不做认真而详细的了解。我把这种不相容归结为世界观的不同，即对世界的本体论看法有分歧所致。我们作为研究者，在考察这个世界的时候，不妨反思一下自己的世界观是什么，然后再选择与之恰切的研究方法。希望简单通过了解和运用一种研究范式而改变世界观是很相当难的，这需要很长的过程。研究者在尊重和悦纳自己的关于世界的本体论以及由此而决定的知识论和方法论以后，也需要友好地尊重和悦纳研究世界中的他者。知识的进步从来都充满了争鸣和挑战，但有能力的探索者从来不会因此而封闭自己，望而却步。既然我们都是去摸大象的盲人，那么不如移动一些角度，围绕"大象"多转几圈。通过这套丛书，你会看到多姿多彩的盲人之手，它们能带着你拼出一个心目中较为完整而清晰的大象模样。

期待学界同仁在中国情境中阅读这套基于西方经验世界的质性丛书，在本土脉络中运用质性方法，都将是充满发现和惊奇的智识之旅。

林小英

北京大学教育学院

北京大学教育经济研究所

北京大学教育质性研究中心

2019 年 12 月

主编寄语与丛书介绍

伍威・弗里克

"SAGE 质性研究工具箱丛书"简介

近年来,质性研究经历了前所未有的发展和多样化时期,已经成为诸多学科和脉络下既定的和受尊重的研究取向。越来越多的学生、教师和专业人士正面临着如何进行质性研究的问题,无论是一般意义上的质性研究,还是针对具体的研究目标。回答这些问题,并解决实操层面的问题,正是我们推出"SAGE 质性研究工具箱丛书"(*The SAGE Qualitative Research Kit*)的主要目的。

"SAGE 质性研究工具箱丛书"中的卷册汇集了我们实际开展质性研究时出现的核心问题。每本书都聚焦于用质性术语来研究社会世界的关键方法(例如访谈或焦点小组)或材料(例如视觉资料或话语)。此外,"工具箱"中的各个分册是根据不同类型的读者需求编写而成的。因此,"工具箱"和各个分册将针对如下广泛的用户:

- **从业人员** 社会科学,医学研究,市场研究,评估,组织、商业和管理研究,认知科学等领域的质性研究的从业者,他们都面临运用质性方法进行规划和开展具体研究的问题。
- **大学教师** 在上述领域用到质性方法的大学教师,可以将此系列作为其教学的基础。
- **学生** 对社会科学、护理、教育学、心理学等领域的本科生和研究生来说,质性方法是他们大学训练的一个(主要)部分,其中也包括实践应用(例如撰写论文)。

"SAGE 质性研究工具箱丛书"中的每本书都是由杰出的作者撰写的,他们在其所在领域以及他们所撰写的方法方面拥有丰富的经验。从头到尾阅读整个系列的书籍时,你会反复遇到一些对于任何质性研究来说都是至关重要的问题,例如伦理、研究设计或质量评估。然而,在每本书中,这些问题都是从作者的具体方法论角度和他们所描述的方法取向来表述的。因此,你可能会发现在不同的分册中,关于研究质量或如何分析质性资料的方法和建议都不相同,但这些方法结合在一起,就能全面展示整个领域的情况。

什么是质性研究?

要找到一个大多数研究人员都接受的、共通的"质性研究"(qualitative research)的定义,变得越来越困难。质性研究不再只是简单的"非定量研究",而是发展出了自己的身份认同(甚或是多重身份)。

尽管质性研究方法多种多样,但质性研究的一些共同特征还是可以确定的。质性研究的目的在于探索"在那里"的世界(而不是在实验室等专业研究环境中),并以如下多种不同的方式,"从内部"去理解、描述和解释社会现象:

- 通过分析个人或团体的经验。经验可能与传记生活史或(日常的或专业的)实践相关;这些经验可以通过分析日常知识、讲述和故事来探究。
- 通过分析正在进行之中的互动和沟通。这可以基于对互动与沟通实践的观察、记录和分析而实现。
- 通过分析文档(文本、图像、电影或音乐),或类似的经验或互动痕迹。

这些方法的共同之处在于,都试图去解析人们如何构建周遭的世界、他们正在做什么或遭遇了什么,所有这些对研究对象都是有意义的,其中蕴含了丰富的洞察。互动和文档被视为协作地(或冲突地)构成社会过程和人工制品的方式。所有这些取向都代表了意义表达的方式,可以用不同的质性方法进行重构和分析,从而使研究人员能够提出(或多或少一般化的)模型、类型、理论,来描述和解释社会(或心理)问题。

我们如何做质性研究?

考虑到质性研究存在不同的理论、认识论和方法论,并且所研究的问题也非常多样,我们能确定质性研究的常用方法吗? 至少我们可以确定质性研究方法的一些共同特征。

- 质性研究者旨在从自然情境中获取经验、互动和文档,要为这些经验和研究材料的特殊性留出空间。
- 质性研究避免对研究对象给出一个明确定义的概念,也反对从一开始就提出一个假设以供检验。相反,概念(或假设)是在研究过程中逐步得到发展和完善的。
- 质性研究一开始就要求考虑方法和理论是否与研究对象相配。如果现有的方法不适合具体的问题或领域,那么就要调整研究方法,或者开发新的方法和路径。
- 研究者本身是研究过程中的一个重要部分,无论是他们个人作为研究者的在场,还是他们在该领域的经验,以及这些经验(作为研究领域的成员)为他们所扮演的角色赋予的反身性(reflexivity)。
- 质性研究非常严肃地考虑情境和案例,以便理解所研究的问题。很多质性研究都是基于案例研究或一系列的案例研究,而案例

(及其历史和复杂性)往往是理解所研究对象的重要情境。

● 质性研究主要是基于文本和写作——从现场笔记和转录,到详细描述和阐释,再到最后的研究发现与研究整体的呈现。因此,如何将复杂的社会情境(或图像等材料)转化为文本——涉及转录以及一般意义上的写作——是质性研究的主要关注点。

● 正如方法须适用于研究对象,关于质性研究质量的定义和评估方法的讨论,亦必须考虑到质性研究本身与具体方法的特点。

"SAGE 质性研究工具箱丛书"的范围

《质性研究设计》(*Designing Qualitative Research*,Uwe Flick)从如何规划和设计一项具体的研究的角度,对质性研究进行了简要的介绍。它旨在为"SAGE 质性研究工具箱丛书"中的其他分册提出一个框架,重点关注实操问题以及在研究过程中如何解决这些问题。该书讨论了在质性研究中构建研究设计的问题;概述了研究项目工作的绊脚石,并讨论了一些实际问题,如质性研究中的资源;还讨论了更偏方法论层面的问题,如质性研究的质量和伦理问题。该框架在"工具箱"的其他分册中有更具体的介绍。

丛书中有三本聚焦于质性研究的资料收集和资料生成。这三本书是对《质性研究设计》中简要概述的相关问题的具体展开,针对具体方法给出了更加详细、更加聚焦的讨论。首先,《访谈》(*Doing Interviews*,Svend Brinkmann 和 Steinar Kvale)阐述了,在对人们就特定问题或其生活史进行访谈时,所涉及的理论的、认识论的、伦理的和实践的问题。《人群志》(*Doing Ethnography*,Amanda Coffey)关注收集和生成质性资料的第二种主要方法。这里再次将实用问题(如选择场地、收集人群志资料的方法、分析资料时的特殊问题),置于更普遍议题的语境中（人群志作为一种方法所涉及的伦理、表征、质量和充分性）加以讨论。在《焦点小组》(*Doing Focus Groups*，Rosaline Barbour)一书中，介绍了第三种最重要的生成资料的质性方法。在此，我们的主要关注点放在抽样、设计和分析资料的具体方法，以及如何在焦点小组中生成资料。

　　丛书中另有三本专门分析特定类型的质性资料。《质性研究中的视觉资料》(*Using Visual Data in Qualitative Research*，Marcus Banks)一书将焦点扩展到第三种质性资料（除了观察资料及来自访谈和焦点小组的口头资料外）。视觉资料的使用不仅成为了一般社会研究的一大趋势，而且使研究者在使用和分析它们时产生了新的实际问题，还产生了新的伦理问题。《质性资料分析》(*Analyzing Qualitative Data*，Graham R. Gibbs)一书提出了几种实际的方法，以及在理解任何类型的质性资料时都会遇到的问题，特别关注了编码、比较和质性资料机辅分析的实践。在这里，重点是口头资料，如访谈、焦点小组或传记。《会话、话语与文档分析》(*Doing Conversation*，*Discourse and Document Analysis*，Tim Rapley)将关注点扩展到与话语分析相关的不同类型的资料上。这本书关注的是已有的材料（如文件）、日常会话的记录，以及话语痕迹的发现，还讨论了生成档案、转录视频材料，以及利用这几类资料来分析话语时的实际问题。

　　丛书中的最后三本超越了特定形式的资料或单一的方法，采取的是更为广泛的取向。《扎根理论》(*Doing Grounded Theory*，Uwe Flick)专注于质性研究中的整体性研究计划。《三角互证与混合方法》(*Doing Triangulation and Mixed Methods*，Uwe Flick)阐述的是，在质性研究或定量方法中，几种方法的组合运用。《质性研究质量管理》(*Managing Quality in Qualitative Research*，Uwe Flick)一般性地讨论了质性研究中的质量问题，这个问题已经在丛书其他分册所探讨的具体情境中做了简要介绍。这本书介绍了在质性研究中，如何使用或重新制定现有的质量标准，或定义新的质量标准。该书考察了当前在质性方法论中关于"质量"和效度定义的争论，并检视了许多促进和管理质性研究质量的策略。

　　在我接下来继续概述读者手上这本书的重点及其在丛书中的角色之前，我要感谢 SAGE 出版社的一些人，他们对于这套书的推出至关重要。一开始是 Michael Carmichael 向我提出了这套书的构想，在项目启动时他的建议也非常有帮助。之后 Patrick Brindle、Katie Metzler 和 Mila Steele 接手了这个项目，并继续提供支持。这套书能从手稿变成书，Victoria Nicholas 和 John Nightingale 两位的支持功不可没。

关于本书

伍威·弗里克

　　有时候,质性研究的核心任务是分析质性资料,而收集质性资料则是为分析工作做初步准备。质性研究中有多种资料分析方法,相比之下,其中一些方法更为通用,另一些方法则针对某些特定类型的资料。但是,这些方法都以文本分析为基础,因此任何质性研究资料都必须被准备好,以作为文本来分析。对于分析来说,文本的内部结构在某些情况下(例如,作为叙事)比在其他情况下(如半结构化访谈中)更重要。在某些情况下,内容是分析的中心(有时完全如此),在另一些情况下,文本中的交互也是相关的(如焦点小组)或者是分析的中心聚焦点(如会话分析)。

　　本书详细论述了质性资料分析的基本策略,并聚焦于三点:其一,编码和类属化;其二,叙事和传记;其三,计算机软件的应用。同时,本书也相当关注比较分析以及分析资料时特有的质量和伦理问题。在实际操作的层面上,本书介绍了三款分析质性资料的主流软件(ATLAS.ti、MAXQDA、NVivo),并通过三者之间的比较来看它们具体可以做到什么以及如何影响质性资料分析。

　　相比第一版,第二版更新了一些参考文献和软件介绍,并在此基础上,展开了关于资料分析前期准备的讨论,比如如何将质性研究方法应用于话语和叙事研究等领域中。第二版还扩展了比较分析的相关讨论。

　　带着这些主题,本书首先提供了一个处理口述质性资料(如陈述和故事)的基础。在这套"SAGE 质性研究工具箱丛书"中,拉普利(Rapley,2018)的《会话、话语与文档分析(第二版)》详细介绍了互动分析,尤其是对会话的分析;班克斯(Banks,2018)的《质性研究中的视觉资料(第二版)》介绍了视觉资料的分析方法;科菲(Coffey,2018)的《人群志》、布林克曼和克韦尔(Brinkmann and Kvale,2018)的《访谈(第二版)》以及巴伯(Barbour,2018)的《焦点小组(第二版)》,都介绍了每种方法在资料分析上遇到的特定问题。最后,弗里克(Flick,2018d)新写的《扎根理论》做了一些补充。本书对"SAGE 质性研究工具箱丛书"整体框架的重大增补,在于非常注重在质性研究中使用计算机,并且强调创建资料(如撰写笔记或备忘录以及研究日志)过程中的写作。本书也为口头资料的转录提供了些许有用的建议。弗里克(Flick,2018b,2018c)也在《质性研究设计(第二版)》《质性研究质量管理(第二版)》中增加了关于分析的伦理和质量的建议。《质性资料分析》一书的第二版已经全面更新并扩展,因此它也与新版本的"SAGE 质性研究工具箱丛书"中的新版书都有所关联。

目　录

1 质性分析的本质

主要内容

分析

质性资料

质性分析的实用性

方法论

质性分析的目的

伦理

学习目标

阅读本章后,你应该能够:

● 明白质性分析的某些特征是独特的,但同时,质性研究者经常在这些特征方面存在分歧;

● 了解对质性研究的一些不同见解;

● 了解它们对分析的影响并绘制出质性"领域"的界限,以及了解质性分析者采用的一些独特风格和方法。

分析

分析通常意味着资料的某种转变。研究者从一些(通常是大量的)质性**资料**(data)集开始,然后通过分析流程将其处理成清晰的、可理解的、有洞察力的、可信的，甚至是有独创性的分析资料。在这个过程中，研究者也会产生分歧。这是因为一些研究者专注于"办公"流程，即对质性资料进行排序、**检索**（retrieving）、索引和处理的一套流程，通常研究者会讨论这些过程是如何形成分析思路的（Maykut and Morehouse，2001；Miles et al.，2013；Spencer et al.，2014）。这些过程旨在处理质性研究中访谈记录（Brinkmann and Kvale，2018）、**实地笔记**（field notes）（Coffey，2018）、收集的文件、视频和音频记录（Rapley，2018）等信息所生成的大量资料。对所有这些数据进行排序和搜索，同时创建始终以该资料为基础的一致且有洞察力的分析——这样资料才能提供良好的支持性论据——是一个令人头疼的问题。这要求资料经过良好的组织并用结构化的方法进行处理。这就是**计算机辅助质性资料分析软件**（CAQDAS）如此受欢迎的原因之一。这种软件不会帮你思考，但是它对这些"办公室"流程有很大帮助。

其他研究者强调，涉及解释和复述的分析是富有想象力和推测性的（Denzin，1997；Giorgi and Giorgi，2003；Mishler，1986；Riessman，1993）。这里涉及一系列方法，包括会话和**话语分析**（discourse analysis）（参见 Rapley，2018），某些现象学、传记和**叙事**（narrative）方法，以及近年来的人群志方法（Coffey，2018）。这些方法强调了这样一个观点，即质性资料是有意义的，需要在分析中加以解释。这不仅是为了揭示人们谈论的主题范围，也是为了识别和分析人们如何构建和塑造自己的交流方式，甚至这些交流方式又如何构建和塑造人们和人们的行动方式。

大多数关于质性资料分析的作者都认识到，这个观点涉及分析的两个方面，即资料的处理和诠释（Coffey and Atkinson，1996；Flick，2014，2018b；Mason，2002；Bazeley，2013）。有时它们是同步进行的，但它们通常按顺序使用，从运用"办公"程序开始，然后将资料简化为摘要或展示，最后进行解释性分析并得出结论。

质性资料

如上所述,质性资料本质上是有意义的,但是它们也显示出极大的多样性:不包括计算、测量,但却包含几乎一切形式的人类交流——书面的、音频的和视觉的——行为、符号体系或文化艺术品。这包括以下任何一项:

- 个人和焦点小组的访谈及其转录稿;
- 人群志参与式观察;
- 电子邮件;
- 网页;
- 广告,包括纸质宣传单、电影或电视;
- 电视广播的录像;
- 视频日志;
- 访谈和焦点小组的录像;
- 实验的录像;
- 会议记录和其他组织文件;
- 各种文本,如书籍和杂志;
- 日记;
- 在线讨论小组对话;
- 在线社交网络页面;
- 在线新闻图书馆;
- 静图;
- 电影;
- 家庭录像。

分析中最常见的质性资料形式是**文本**(text)。它可以是采访的**转录**(transcription)文本,人群志作品中的实地笔记,或者其他类型的文本资料。因为文本是一种简单的记录形式,可以使用上文提到的"办公室"技术来处理,所以大多数音频和视频资料会被转换成文本进行分析。然而,随着数字音频和视频记录技术的发展,以及对它们进行排序、索引和检索的软件的可得性,对转录的需求和欲望在未来可能会逐渐减少。此外,使用视频资料可以保留在会话转录时经常丢失的一些视觉方面的资料。尽管如此,当涉及流畅、快速和准确检查质性资料时,处理文本资料仍然是最容易的。

质性分析的实用性

质性分析涉及两项活动:第一,培养对可研究的资料类型的认识,以及对如何描述和解释这些资料的认识;第二,有助于识别资料类型以及检查大量资料的实际活动。后者便是我所说的质性分析的实践。我将在下文进一步讨论它们,但其中两个方法能区分质性分析方法与其他方法。

合并收集和分析

一些社会研究往往鼓励在开始任何分析之前就收集完所有资料。质性研究与此不同,因为质性资料的收集和分析是不分离的。分析可以并且应该从现场开始。在通过访谈、实地记录和获取文件等方式收集资料时,就可以开始分析了。我在第 3 章中将更详细地探讨这些问题,但是应当注意,诸如实地记录和研究日记,既是资料收集的方式,也是开始分析的方式。你甚至不需要等到访谈或实地考察开始时才开始分析,因为你在现有的文献和以前的研究中可以获得大量资料。

事实上,不仅同时分析和收集资料是可能的,这实际上也是一种良好的做法。我们应该通过分析先前的资料来提出新的研究问题。这样来看,质性研究是灵活的。研究问题可以在研究后期再决定,因为如果没有确定研究的视角,那么最初提出的问题也就没有什么意义了。

扩展而不是减少资料量

质性和定量分析在过程方面的另一个不同在于,前者不会通过汇总、统计或其他方式来减少或压缩资料。质性资料分析通常涉及处理大量的文本资料,如转录稿、录音、笔记等。大多数的分析工作只是增加了文本资料的数量,尽管在研究报告的最后定稿阶段,研究者可能不得不从资料中选择摘要和例子。

因此,质性分析通常试图扩展资料,包括其容量、密度和复杂性,特别是许多分析方法都涉及以添加摘要、简介、**备忘录**(memo)、笔记和草稿等形式来创造更多的文本。许多质性分析都涉及处理大量资料的方法,编码尤其如此。定量分析中的编码是为了将资料减少到几个"类型"以便统计,而质性分析中的编码则是一种组织或管理资料的方式,也就是说,所有原始资料都会被保留下来。**代码**(code)(及其相关的分析文件)为资料增加了一层理论解释。事实上,在大多数情况中,文本可能会被密集编码。不仅大多数文本会被分配一个代码,很多文本还会被分配一个以上。

方法论

质性分析涉及的第二项活动,是了解质性资料中所能找到的内容种类以及其分析方法。查看资料的方法有很多种,而研究者们采用了基于不同方法论的分析方式。因而,时至今日仍有很多关于方法论的争议。

丰富的描述

质性分析的一个主要任务是描述正在发生的事情,回答"发生了什么?"。这是因为被描述的往往是新颖的,或者至少是被遗忘或忽略了的事情。描述是详细的,并且有助于理解和最终分析所研究的环境,特别是给出一个"深描"(thick description)——格尔茨(Geertz,1975)推广的一个术语(另见 Mason,2002)。这个术语表明了正在发生的事情的丰富性,并强调它改变人们意图和想法的方式。通过如此"深描",我们可以更进一步,并对正在发生的事情做出解释。

归纳、演绎和溯因

质性分析的功能之一是找到规律并提供解释。**归纳**(induction)和演绎是两种截然不同的解释逻辑,并且质性研究实际上同时使用了两者。

● 归纳法是基于大量特定但相似情况的累积而形成的一般性解释。因此,重复的、特别的观察结果表明,表现良好的足球俱乐部的球迷,或表现非常糟糕的俱乐部的球迷,比那些在联赛中排名位于中段的俱乐部的支持者更热情,这论证了这样一种普遍的说法,即当他们的俱乐部处于成功的巅峰时,球迷的支持热情最高。

● 演绎解释的方向则相反,因为一个特定的情况是通过对一般情况进行演绎来解释的。例如,我们知道随着年龄的增长,人们的反应会变慢,所以我们可以推断詹妮弗(Jennifer)的反应变慢,因为她已经 80多岁了。许多定量研究都采用了演绎的方法。一个假设是从一般定律推导出来的,然后通过寻找现实生活中证实或证伪这一假设的情况来检验这个假设。

这种演绎方法的一个重要发展是哲学家卡尔·波普尔(Karl Popper,1989)开发的假设演绎模型。在这个模型中,科学家(或社会科学家)根据他们认为正确的理论做出大胆的推测或假设,然后通过实证研究来检验。但是,能否提出假设取决于研究者的智慧和想象力。事实上,正如其他哲学家所指出的(Peirce,1958),在日常生活中(质性研究者也是这样做的),我们经常提出一般性的理论来解释我们所体验的现象。我们的做法结合了演绎和归纳的两个侧面,这种方法为溯因推理或逆推法(retroduction)。

● 溯因论证(abductive argument)是指一种对观察到的事实或一组事实提出解释的论证。这不是演绎,因为我们不是从我们的一般理论开始,而是从我们经历的现象、事实开始。这也不是归纳,因为我们没有从大量类似的观察中进行概括。例如,我们可能会在一群年轻人中注意到,那些来自低收入家庭的人教育水平较低。然后,我们可能会解释,低收入家庭负担不起各种各样可能改善其子女教育(正式和非正式)机会的费用。溯因存在一个问题,即通常有几种不同的解释可以解释我们观察到的现象。例如,低收入水平和教育成就的缺乏都可以用智力遗传来解释。一个选项就是选择最好的解释。然而,关于什么是"最好的"却存在争议,因为它可能是最有力的解释,最普遍、合理或简单的解释,最符合现有理论或我们自己的经验的解释,最言简意赅的解释,或者所有这些解释的任意组合。在许多情况下,我们给出的解释只是令人满意的或者是足够好的。

许多质性研究就是要试图产生新的理论和新的解释。从这个意义上说,潜在的逻辑是归纳的或溯因的。这种研究不是从一些要测试或检验的理论和概念开始,而是倾向于指明一种方法:在资料收集的同时,发展这些理论和概念,以便产生并证明新的一般化理论,从而创造新的知识和理解。一些作者从一开始就拒绝强加任何先验的理论框架,但要完全消除所有以前的研究框架却很难。正如我们所见,以前的经验和知识可能会影响溯因过程中解释的选择。质性分析会不可避免地受到预先存在的想法和概念的指导和塑造,所以研究者通常做的就是检查直觉,也就是说,他们从以归纳或溯因方式建立的一般理论中推断出特定的解释,并检验这些解释与他们观察到的情况是否真的相符(Strübing,2010)。

普遍性和独特性

归纳法和演绎法都与一般性陈述有关,但许多质性研究都考察了特定的、有特点的,甚至是独特的陈述。

● 普遍性（nomothetic）方法关注不同的个人和情况的一般维度。这种方法假设某个人的行为是适用于所有人的规律的结果。简而言之，这种方法试图展示人、事件和情境的共同之处，并根据这些共同特征来解释它们。在质性研究中，这是通过寻找变化和差异，并尝试将它们与其他观察到的特征（如行为、行动和结果）联系起来而实现的。

● 独特性（idiographic）方法将个体（人、地点、事件、背景等）作为一个独特的**案例**（case）来研究。研究重点是那些可能对个体来说非常具体的因素之间的相互作用。尽管两个人可能在某些方面有共同点，但这些不可避免地会极大地受他们之间的其他方面影响。因此，两对异性恋夫妇可能有很多共同之处：相同的年龄、相同的文化、相同数量的孩子和相同地点的相似房屋。但是也会有很多不同，比如不同的工作、不同的社会背景、不同的兴趣，他们的孩子可能有不同的个性和与父母的不同关系。对这些夫妇的质性研究必须认识到，他们的共同点被他们的差异决定性地塑造成形，这样，每对夫妇都可以被视为独一无二的。

质性研究非常强调探索特定现象的本质，对独特性的关注常常表现在对案例研究的审查中。这种方法不仅强调每个案例的独特性，而且强调社会现实的整体性。也就是说，因素和特征只能通过参考其他因素和特征的更广泛的背景来正确理解。

在质性研究中，普遍性方法和独特性方法都很常见。独特性通常被视为质性研究的一个特殊优势，尤其与**传记**（biography）和叙事等分析技巧相关。然而，几个案例的合并和对比往往也要求分析者寻求普遍性。

现实主义和建构主义

质性研究者也在他们试图分析的世界的实在性上有分歧。特别是，他们争论是否有一个物质世界具有独立于我们存在的特征，并且充当了我们分析**有效性**（validity）的最终参考。

● **现实主义**（realism）。这可能是大多数人日常生活中的假设。

现实主义者相信,从某种意义上来说,除了我们和我们的生活之外,还有一个具有特征和结构的世界。最基本的,也可能是争议最少的观点是,有一个属于客观事物的物质世界,它在我们之前就已经存在,而且即使我们都死了,它还会继续存在。这也是一个由实物、风景、动植物、行星和恒星以及所有可以看到、感觉到、听到、尝到和闻到的东西组成的世界。当我们开始思考一些比较理论化或者无法直接感知的事情时,现实主义观点就会变得更加有争议。这些事情既包括一些更抽象的物理和数学概念,如原子、弱核力、中微子、概率和虚数,也包括质性研究者可能讨论的,诸如社会阶层、政治权力、学习方式、态度、参考群体、社会习俗和国家法律等事情。对于现实主义者来说,这样的事情是真实的,独立于我们而存在,即使它们不可以被直接看到或感觉到,它们所发挥的影响却可以。世界只有一种存在方式,而我们对这个世界的描述和解释,是对这个世界或精准或粗略的描绘,它们越是符合现实世界,就越是正确。

● **理想主义**(idealism)/建构主义。相反,理想主义者认为我们实际上对这样一个现实世界一无所知。我们所说的和经历的一切都是通过我们的建构和想象来实现的。甚至"现实"这个概念本身也是一种人类的建构。我们经历的世界反映了这些概念,因此,如果它们发生变化或和之前不同,那么世界也会变得不同。人们过去认为女巫有超自然的力量,地球是平的。然而现在很少有人再相信这两种看法,所以世界对我们来说与之前不同了。建构主义是理想主义的一个版本,它强调我们所经历的世界来自多重的、**社会建构**(socially constructed)的现实。人们创造这些结构是因为个体想要理解自己的经历。很多时候它们是共享的,但这"并没有让这些结构变得更真实,只是更普遍地被认可了"(Guba and Lincoln,1989,p.89)。因此,建构主义分析试图尽可能忠实地反映这些结构,而不涉及潜在的或共享的现实。有些陈述似乎是对现实的客观描述,但不可避免地,它们也是"充满理论"的,反映了我们和/或我们的受访者对世界的结构所产生的先入之见和偏见。对于理想主义者和建构主义者来说,我们不能说世界是怎样的,只能说一些人是怎样看待它的。当谈论人们的**叙述**(accounts)或有关事件的故事时,这种观点似乎很容易得到支持。我们很容易看出,这些可能是片面的和有**偏见**(bias)的,反映了人们对世界的建构。但是对于建构主义者来说,这同样适用于所谓的客观资料,比如对人们行为的直接观察。对于建构主义者来说,这些资料同样反映了研究者和参与者的建构行为的相互作用。

● 批判现实主义(critical realism)。近年来,第三种方法获得了很多支持,它试图将现实主义和建构主义的见解结合起来。批判现实主义通过分离本体论和认识论来实现这一点。本体论是对实有的、存在着的、能够存在的事物的研究。批判现实主义者对存在的事物持现实主义观点。有一个独立于任何人的想法或建构的真实世界存在,并且根据哲学家巴斯卡尔(Bhaskar,2011)所说,这可以从机制或过程而不是事件或现象的角度来看待。认识论是对我们如何认识世界的研究,并且批判现实主义者对此持建构主义观点。不同的人和不同的社会在不同的时间可能对世界有不同的理解(建构)。但是对于批判现实主义者来说,这些并不构成一个独立的、不同的和不可通约的现实,而只是对现实的不同看法。那么如何比较它们呢? 对于批判现实主义者来说,这并不是指它们是否符合现实。相反,他们在评价对事物的不同理解时采取务实的观点,并询问什么在发挥作用,也就是说,什么可以成功地用来改变世界?

在实践中,很少有质性研究者是纯粹的现实主义者或理想主义者。大多数人关心的是尽可能准确和忠实地描述人们实际所说的话、他们所做的事,以及他们的意思。在这个意义上,他们是现实主义者。然而,所有人都同意,质性研究是去诠释,特别是研究者对受访者和参与者所说和所做的事的诠释。质性研究的一个关键承诺就是从受访者和参与者的角度看问题。这涉及从被研究者的角度看待事件、行动、规范、价值观等的承诺。研究者需要对不同群体持有的不同观点以及被研究者和正在研究的人的观点之间的潜在冲突保持敏感。因此,简单、真实和准确地报告受访者的观点是不可能的。我们的分析本身就是对世界的诠释,也是对世界的建构。

质性分析的目的

在分析开始时要考虑的另一件事,是质性分析会产生什么样的结果。当然,这似乎已经确定了,因为你正在进行一项受资助的研究项目,或者一项政策或评估研究,其研究目标非常明确,指定了预期的产出。但通常情况并非如此。质性研究项目往往要开放得多,有着如"调查……的现象"这样的标题。它们也是探索性的,也就是说,考察我们可能根本不清楚期望找到什么的现象和领域。在资料分析开始之前(有时甚至在资料分析阶段中),研究的结果可能还不明确。实际上,即使在已有严格定义的研究主题的项目或评估中,我们收集的资料也可能会让我们超越最初确定的目标。一些可能性罗列如下。

深入描述社会现象

适合深入描述的最简单的情况是,这些现象是我们所知甚少的现象,因为它们是新的或者以前没有被研究过的。通常,这是大多数人群志研究的产出。然而,重要的是要认识到这不仅仅是对人们所说内容的总结。首先,它应该是深入的,意思是它不仅包括人们所说或所做的记录,还包括这些事情发生的整个背景的相当详细的内容描述。其次,这种描述可能远远超出了受访者自己对正在发生的事情的说明。这可能是因为你的描述关注受访者故事的叙事结构,或者是因为它对人们使用语言来实现他们的目标和策略的方式感兴趣。

发展和完善假设

如果你的质性分析是某种混合方法研究的一部分,这尤其合适。混合方法中的一个非常常见的研究设计是从一些旨在绘制蓝图的质性研究开始,以便在研究的后期能够识别和解决定量研究问题。通常,如果研究者在开始时对研究领域不够了解，无法指定要以定量方式解决的明确假设，就会使用这种设计方式。这种方法的目的是确定在研究领域中要去发现的现象范围，以及这些现象可能相互作用的方式。这将使以后的定量研究能够确定这些现象发生的频率、它们有多大的影响，以及它们和其他情况之间最可能（和最不可能）的关系。然而，这种方法不一定需要进行定量研究。尽管质性分析无法对频率等给出准确的数字估计，但你的分析至少可以确定最可能的情况，以及这些现象与你正在调查的领域中的其他现象的关系。

创建模型来解释研究现象的决定因素

如果你的研究是为了满足某些政策或实践需求，甚至是为了评估某些活动计划，则这种方法是最恰当的。你开发的**模型**（model）将展示你正在调查的现象的所有重要方面，以及它们是如何相互影响的。对于那些正在处理这些现象并希望改变做法的人，这将让他们了解他们能改变什么，以及他们可能产生的影响。你的分析将侧重于建立该模型的主要组成部分（关键现象），以及它们如何相互影响（什么导致了什么），甚至人们为了达成某些结果而采取了什么策略。

发展理论

这是遵循**扎根理论**（grounded theory）的人所青睐的一种方法，它和上一种方法——创建模型——有一点重叠。这里要认识的关键点是，理论有不同的种类和层次。你不需要提出一个会让我们联想到戈夫曼、福柯或布尔迪厄的那种宏大的理论——尽管如果你这样做的话会很棒。该理论可以更加局部化，也可以规模更小。它可能会关注一个关键现象，并解释它对人们各种行为的影响。它甚至可能是现有理论的一个版本，但是针对你正在调查的特定情况进行了修改。质性研究理论的主要特征是它具有解释某些现象和结果的能力，并通常使用你正在调查的参与者未使用的术语。这并不是说这些参与者不知道正在发生什么,而是说他们不会用这些术语说话,或用这种方式解释他们的行为。

这些方法不是相互排斥的,实际分析可能会结合两种或多种方法,并且它们也不是思考分析的唯一方式。但是它们确实反映了我在上一节中讨论的方法论和哲学上的差异。这并不是说一个特定的方法论立场不可避免地意味着你必须致力于一个特定的研究目标,而是说它会倾向于首先引导你达到某些目标。然而,质性分析的一大好处是你可以很灵活,虽然你可以从某种方法和研究目标开始(因为偏好或设计),但随着分析的发展和理解的增长,其他结果和其他目标可能会开始呈现出来。这是件好事。这样你就可以从分析中得出原创的、有见地的和有用的结果。

伦理

伦理问题与任何其他研究一样,影响着质性研究。然而,它们主要影响研究设计和资料收集阶段。例如,完全**知情同意**(informed consent)原则意味着研究参与者应该确切知道他们让自己参与的目的、研究过程中会发生什么,以及研究完成后,他们提供的资料会产生什么。在对他们开始研究之前,就应该让他们意识到这些,并且应该给他们随时退出研究的选择权。通常,如果他们要求退出,从他们那里收集到的任何资料都将被退回或销毁。所有这些都发生在资料分析之前。

然而,质性资料及其收集的某些特殊方面会引起伦理问题。也许最重要的是,质性资料通常非常个人化和个性化。在分析和报告资料时,个人身份不能被隐藏在汇总统计背后。除非采取特殊步骤,否则报告质性资料,特别是引用受访者的直接引述,通常会让人识别出特定的参与者和/或情境。有时这不是个问题,尤其是在参与者同意的情况下,他们的真实身份以及他们在所处的情境中和组织中的真实身份可以被揭露。但通常情况并非如此,我们通常需要竭尽全力保护参与我们研究的人的身份。第 2 章讨论了质性分析中需要的文本**匿名化**（anonymization）的一些方面。

  质性研究的个人性特征，意味着研究者需要对可能给参与者带去的伤害和忧虑非常敏感。同样，这些问题大多出现在资料收集阶段，例如，深度访谈的性质可能会让人们就他们通常不会处理的问题进行详细而深入的交谈。研究者必须意识到这可能给参与者带去的痛苦，并为应对这种痛苦做好准备。在分析资料时，这些问题应该已经得到处理，尽管可能在发布分析结果方面还有一些遗留问题。这些问题将在第 7 章中做进一步讨论。

本章要点

  ● 质性资料种类繁多，但都有一个共同点，即它们都代表着人类之间有意义的交流。为了方便起见，大多数这样的资料被转换成书面（或打印）文本。对大量材料的分析通常反映了两个特征。第一，资料量很大，需要有实用和一致的方法来处理它们。第二，资料需要诠释。

  ● 有一些实际问题使质性资料分析与众不同，包括在决定抽样和资料收集完成之前就开始资料分析，以及资料分析倾向于增加（至少开始时）而不是减少它的量。

  ● 有一种倾向认为质性研究是建构主义的、归纳的和独特的，也就是说，把它看作关于对个别案例独特特征的新解释的诠释。然而，这是一个粗略的简化。许多质性研究涉及解释不同的人和情况的共同点，并参考现有的理论和概念来做这件事。就这一点而言，它是普遍性的，是演绎的/溯因的。此外，尽管所有研究者都很敏感地意识到他们的描述都是诠释性的，但他们足够现实，认为尽可能忠实准确地表达参与者和受访者的观点是很重要的。

  ● 这些方法论上的差异会对质性分析的总体目标有影响，至少在一开始是这样。但是质性分析非常灵活，你的最终分析可能会考察在开始时没有想到的现象。

● 由于其个人化和个性化的性质,质性研究提出了一系列伦理问题。然而,其中大部分都应该在资料分析开始之前得到处理。尽管如此,重要的是要确保匿名性(如果已做出保证),并且确保受访者知道他们提供的资料会带来什么。

拓展阅读

以下作品更详细地讨论了本章中的问题:

Barbour, R.(2018) *Doing Focus Groups*(Book 4 of *The SAGE Qualitative Research Kit*, 2nd ed.). London: Sage.

Brinkmann, S. and Kvale, S.(2018) *Doing Interviews*(Book 2 of *The SAGE Qualitative Research Kit*, 2nd ed.). London: Sage.

Coffey, A.(2018) *Doing Ethnography*(Book 3 of *The SAGE Qualitative Research Kit*, 2nd ed.). London: Sage.

Crotty, M.(1998) *The Foundations of Social Research: Meaning and Perspective in the Research Process*. London and Thousand Oaks, CA: Sage.

Flick, U.(2018) *Designing Qualitative Research*(Book 1 of *The SAGE Qualitative Research Kit*, 2nd ed.). London: Sage.

Flick, U., von Kardorff, E. and Steinke, I.(eds)(2004) *A Companion to Qualitative Research*. London: Sage.尤其参见第 3A 部分和第 4 部分。

Hesse-Biber, S. N. and Leavy, P.(eds)(2004) *Approaches to Qualitative Research: A Reader on Theory and Practice*. New York and Oxford: Oxford University Press.尤其参见第 I 部分。

Howell, K.(2012) *An Introduction to the Philosophy of Methodology*. London: Sage.

Maxwell，J. A.（2012）*A Realist Approach for Qualitative Research*. London：Sage.

Rapley，T.（2018）*Doing Conversation，Discourse and Document Analysis*（Book 7 of *The SAGE Qualitative Research Kit*，2nd ed.）. London：Sage.

2 资料准备

主要内容

> 转录
>
> 做转录
>
> 打印转录稿
>
> 互联网资料
>
> 元资料
>
> 准备档案
>
> 着手组织

学习目标

阅读本章后,你应该能够:

● 知道大多数分析者都使用文本资料,通常是整齐的转录稿和打字稿;

● 认识到转录任务是耗时的,必须仔细完成并预先计划,因为它涉及媒介的改变,因此不可避免地需要一定程度的诠释;

● 了解有关转录的过程和层次、命名惯例、匿名化和格式化等方面需要做出的决定。

转录

大多数质性研究者将他们的访谈记录、观察结果和实地笔记转录成一份整洁的打印文本，因为他们发现处理录音的文本转录稿要容易得多。现在大多数录音都是数字化的，有很好的软件来播放它们，但即便如此，浏览一份转录稿并用注释、想法等标记它通常会更容易。当你在分析过程中多次阅读、重读和交叉引用文本时，这尤为重要。当你有很多页要浏览时，试图在访谈记录中找到你记得受访者发表了一些重要评论的地方就已经足够困难了。但是快速浏览一下转录稿和回想一下关于讨论的顺序，通常会让你快速找到你想要的评论。当处理音频或视频文件时，所有这些都会变得更加困难和缓慢。

然而，在进行转录之前，需要记住两个大问题：它们需要花费大量的时间和精力，并且转录是一个诠释过程。对转录所用时间的估计因作者而异，取决于你转录的详细程度和打字员的能力。就一般情况来说，即使是最简单的转录也需要 4 倍到 6 倍于收集资料的时间。这意味着工作可能会堆积起来，特别是对于独自做转录工作的研究者来说。在实地调查的后期，许多使用质性研究方法的博士生都感受过待转录的录音和笔记越来越多所带来的焦虑。这里唯一真正的建议——尽管很难遵循——是，如果你无法雇一个人做这件事的话，只能"少食多餐"式地转录。

转录，尤其是转录一个访谈，是一种传播媒介的改变。它带来了准确性、保真度和诠释度的问题。克韦尔（Kvale，1988，p.97）告诫我们要"提防转录"。他认为，当访谈的口语语境转移到打字的转录稿时存在一些风险，例如肤浅的编码、去情境化、遗漏受访者说明前后的内容，以及遗漏更大的谈话内容等。正如我们将在后面看到的，媒介的这种变化与研究者必须注意的某些类型的错误有关。一个补救措施是回到录音中，检查转录稿里的诠释。你可能会发现，听到声音会使含义更清晰，甚至会提出不同的诠释。此外，大多数转录稿只记录了访谈的口语部分，忽略了会议的环境、背景、肢体语言和总体"感觉"。米什勒（Mishler，1991）提出了转录稿和照片之间的相似之处。照片是现实的一个冻结、裱框、印刷和编辑过的版本。转录稿也是如此。问题不在于转录稿在最终意义上是否准确，而在于它是否代表了一次好的、仔细的尝试，用以捕捉访谈的某些方面。如何将语音转换成书面文本一直是个问题。很少有人按照标准语法的方式说话，所以研究者需要决定录音中有多少内容需要转录。正如我们将在后面看到的，这里有几种选择，尽管我们必须认识到转录稿永远不会完全准确。

　　类似的观点可以从访谈或实地考察期间的手写笔记中得出。这里的转录通常涉及"写"笔记的过程。这是一项创造性的活动，而不仅仅是机械复制。它包括将笔记表达为想法、对某些种类的观察等，也代表了资料分析的开始。我将在下一章更详细地讨论这些问题。

转录的原因

　　没有必要在转录你在项目中收集的所有信息之后才开始分析，你甚至不需要开始转录。无需收集或记录的访谈、文本或观察结果的任何副本，你就可以非常有效地完成某些级别和形式的分析。事实上，一些研究者主张直接从音频或视频记录中进行分析。当然，这将涉及对你听到或看到的内容做笔记，并且你可能会多次浏览录音。这样做，使你更有可能专注于大局，而不会陷入人们所说内容的细节中。这对于某些类型的分析来说是很好的，例如政策研究和评估研究就是这样。在这些分析中，你会使用有关情况的非常清晰的理论，因此会很清楚你正在寻找什么，并且可以选择性地使用资料。但是，对于大多数方法，尤其是对于话语和会话分析来说，详细的转录稿是必要的。它迫使你仔细听录音的内容并仔细查看笔记。它为你提供了一个易于阅读的版本，可以根据需要多次复制。有一份转录稿也让团队工作变得更容易，因为在团队中，任务必须共享，并且团队成员必须就资料的诠释达成良好的一致。转录稿意味着每个人都可以阅读文本，并且每个人都可以有一份副本。

转录访谈的策略

　　转录时，你可以采取多种策略。例如，你可以只转录部分录音，其余的部分可以只做笔记，并使用笔记进行编码和分析，你甚至可以直接从录音或手写笔记中编码。在某些情况下你可能会发现，关于访谈或研究日志的记忆提醒了你，在某些时候，受访者偏离了话题，所以这些部分可以被忽略。这种方法显然会更快，而且还可以让你专注于更大的**主题**（theme），而不会陷入特定的词汇中。但是它也有几个缺点。你可能会发现你转录的部分失去了它们的上下文，发现更难诠释它们的真正含义。此外，你在分析开始时的想法（可能会导致你决定哪些部分需要转录）可能会和你在研究后期发展出的想法不同。

命名

一般的惯例是在每次发言开始时（例如，对访谈者问题的每次回答，或者每次在焦点小组讨论中转移话题时）都将发言人的姓名以大写字母标明。将名字大写会让它显得更突出。但这也意味着你可以使用区分大小写的搜索，并在计算机软件中只查找受访者说的话，或者只查找他们的名字在访谈中的其他地方被其他人提及的情况。这在分析焦点小组讨论时特别有用。使用最容易让你记住受访者的名称，这通常是他们的名字。然后在实际文本之前键入一个冒号和一个制表符，或者在新的一行开始文本。如果你和大量的受访者打交道，那么你可能会选择用他们的名字和姓氏（或姓氏的第一个字母）来表示该人的姓名，比如"MARY C："，以区别他们和其他同名的人。你应该用同样的方式来表明访谈者的讲话。你可以在发言开始时使用"I："""IV："或"INT："，或者如果你有多个访谈者并想在转录稿上区分他们，那就使用"I-JOHN："""I-KATE："等。确保所有名字的拼写正确且一致。这意味着你可以使用文字处理器中的搜索和查找来匿名化文本，并在CAQDAS程序中查找同一个人的所有发言。

匿名化

你最终会在撰写研究报告时引用你的转录稿，甚至可能会将资料存放在一个公共档案中,以便其他研究者访问它,所以你需要考虑如何确保**保密性**(confidentiality)。你要通过匿名处理人名和地名来做到这一点,以确保参与者的安全(如果他们的活动是非法的或不正当的)和研究者的安全(例如,如果你一直在调查秘密行动或准军事组织)。最容易的方法是在转录后立即生成匿名副本。但是,你可能会发现最好使用未匿名版本进行分析,因为熟悉真实姓名和地点会使得这项工作更容易。然而,许多研究者报告说,如果你在分析的早期阶段就匿名处理,你很快就会对匿名化的名字变得熟悉。

在一个单独的文件中创建一个列表,将它保存在某个安全的地方,并在上面列出你已经更改的所有名字(人、地点、组织、公司、产品)以及对它们的替换。在文字处理器中使用搜索来查找每个名称,并替换为匿名版本。确保要搜索受访者姓名的普通文字版本("Mary")(如果它们出现在其他受访者的谈话中)以及大写版本("MARY:")(如果你使用它来识别说话者)。通常最好使用假名,而不是粗略的空格、星号或代码数字等。你仍然需要仔细阅读转录稿,以确保对某个人、地方或机构的微妙但明显的线索是不容易被看出来的。如果你要将资料存到**资料档案**(data archive)中,请记住,你需要保留并存放原始的、未匿名的版本以及可访问的匿名版本。

转录层次

我在前面指出,转录的行为是改变媒介,因此必然涉及资料的转换。你可以在不同程度上捕捉录音(或你的手写笔记)中的内容,并且你需要决定何种程度适合你的研究目的。有时仅仅是所述内容的草稿就足够了。在政策、组织和评估研究中经常出现这种情况,因为人们所说的比较突出的事实内容就足以进行分析。然而,研究者对受访者如何诠释世界哪怕有一点儿感兴趣,他们中的大多数都需要更多细节。他们需要一个看起来像普通文本的转录稿,较好地记录了所述内容。这也许看起来很简单,但即使是这样,也要做出决定。连续讲话中很少出现结构良好的句子。说话者经常在还没说完一句话的时候停下,转而说起之前没说完的句子,这并不遵循写作中使用的语法规则,有时还会出现一些书面文字中不怎么常见的特点(见专栏 2.1)。因此,你可能会被诱导去"整理"他们的演讲,而是否应该这样做,取决于你研究的目的。整洁、符合语法的转录稿更容易阅读,因此更容易分析。如果你的研究不太关注表达和语言使用的细节,而更关注所说的事实内容,那么这样的整理是可以接受的。另一方面,这样的转录显然无法让人感受到受访者是如何表达自己的,而如果这在你的研究中很重要,你就需要尝试在转录中捕捉这一点。这样转录的缺点是使真正输入字符更加困难。当受访者说话带着浓重的口音或使用方言时,也会出现类似的困境。这里最常见的做法是保留所有方言单词和地域词汇以及语法表达,但不要试图通过改变单词的拼写来捕捉口音的实际发音。如果你要使用软件中的搜索功能来帮助分析,保持标准的和一致的拼写是很重要的(见第 8 章)。如果你没有拼写一致的单词,就很难找到你想要的所有文本。如果你要使用电脑搜索,这一点就很重要。专栏 2.2 给出了一些不同转录风格的例子。

专栏2.1　会话的特色

● **缩写**(例如, isn't, aren't, weren't, could've, I'd, she's, he'd, I'm, you're, they've, we'll, don't, haven't, that's, 'cause, something's, who's)——有时候会被转录员拼写出来。

● **结巴**,比如"呃""唔""嗯"往往被忽视,但是像"比如""你知道"和"有点"等其他词汇通常会被记录下来。

● **暂停**——省略或简单显示为三个点(...)。

● **重复**(例如,"我的意思……我的意思是……我想说的是……我的意思其实是这是一个真正的问题")——可能被简单地誊录为"这是一个真正的问题"。

(改编自 Arksey and Knight, 1999, p.146)

专栏 2.2　不同转录层次的例子

只有要点

我的沟通中有 90％是……和销售总监。但他的沟通中只有 1％是和我。我尝试着领先一步，准备好了……因为他从一个项目跳到另一个项目……今天早上我们做了 Essex 项目，今天下午我们做了 BT 项目，而且我们还没有完成 Essex 项目。

（"……"表示省略。）

逐字

我不知道。我有一种感觉，他们被允许更好地表现自己的情绪。我认为丧亲是他们宗教和文化的一部分。无论如何，他们往往更加虔诚。我不来自一个宗教家庭，所以我不知道这一面。

用方言逐字

嗯……我第一次和……我还在上学，我 15 岁……一个……俺兄弟已经参军了……俺妈妈和爸爸说没法解决，我住在家里……然后……我不知道……我真的不知道他们为什么把我赶出去，但他们确实把我赶了出去，我最终和我表弟住在一起。

话语层面

巴希尔：你有没有(.)亲自帮他写书？(0.8)

王　妃：很多人，嗯哼((清清嗓咙))看到了我生命中的痛苦。(.)他们觉得(.)觉得这是一个支持性的东西(0.2)他们这样做了。

（改编自 Silverman，2004，p.208）

在某些情况下，例如，假如你正在进行话语分析或会话分析，非常详细的转录是必要的。自然语言不仅往往是没有语法的（至少按照书面惯例），还充满了其他现象。人们会犹豫不决，他们会强调单词和音节，他们会把自己的讲话与他人重叠，他们会提高和降低音量和音调，以增加他们所说的话的意义。如果你需要记录这些特征，那么你可以遵循各种转录惯例。最广泛使用的方法之一是杰弗逊式转录(Jefferson

system)（见 Atkinson and Heritage，1984），西弗尔曼也提出了类似的方法
（Silverman，2004，p.367；另见 Rapley，2018；Brinkmann and Kvale，
2018）。

做转录

研究者

做转录的人通常是你、研究者或其他受雇做这件事的人。尽管这
项活动可能很乏味，尤其当你不是一名优秀的打字员时，但是，自己转
录还是有好处的，其中最重要的是，它让你有机会开始分析资料。仔细
听录音、阅读和检查你制作的转录稿意味着你将非常熟悉它们的内容。
不可避免的是，你会开始对资料产生新的想法。然而，研究者通常会因
为别无选择而自己转录。他们没有足够的资金雇佣录音打字员，或者
因为录音内容导致没有其他人能做这件事。例如，访谈可能是关于一
个高度技术性的主题的，或者就像人类学工作中经常发生的那样，访谈
使用了一种其他人很少能理解的语言。

如今，大多数人在录制访谈、焦点小组等时通常使用数字记录器，
无论是数字音频记录器还是数字摄像机。高质量的数字录音机并不便
宜，但是你可能会发现你所在的部门有你可以借用的机器，摄像机也是
如此。大多数音频记录器和摄像机都把数据记录在可移动存储卡上，
它们可以在设备上播放。为了更好地再现，也可以（通过读卡器或
USB线）传送到电脑上。然而，现在大多数人都有自己的智能手机，也
可以通过手机的数字音频记录软件和照相机功能来记录。尽管这些麦
克风的质量不是最好的，但它们能为在安静环境中进行的简单访谈录
制完全可用的录音。使用智能手机需要注意的一点是，有些手机内存
有限，且不能使用可移动存储卡，所以你需要确保有足够的空闲内存来
录制你需要的录音。在大多数情况下，这些设备将以 MP3 格式存储数

字文件。这是一种压缩格式,产生的文件比较小,但质量仍然非常好
(与播客中通常使用的格式相同)。使用可下载应用的录音机和智能手
机也可以录制未压缩的 WAV 文件。这些文件质量要好得多(类似于
CD 质量),但往往是 MP3 文件大小的十倍。然而,因为质量要好得多,
如果你在嘈杂的环境中录制焦点小组讨论时,使用这种格式可能是个
好主意(当然,确保你有足够的内存来录制)。实际上,在这种情况下,
最好使用录音机,因为它们的内置麦克风质量非常好,或者考虑在智能
手机上使用外置麦克风。

　　不要试图直接从录音机上转录。首先将文件转移到计算机上(这
给了你第二份副本,出于安全原因也是好的)。然后用软件播放这些文
件。有一些为转录工作设计的好用的、便宜的或免费的软件,可以让你
在打字时控制回放。例如,一个程序可以让你在听到录音时键入文本
框,然后暂停并使用功能键重新播放讲话。数字录音的优点是暂停是
瞬间的,当你重新开始回放时,不会丢失任何单词,也不怎么需要倒带。
然而,有些程序确实允许你设置自动倒带。半秒钟或一秒钟通常足以
确保你不会错过任何东西。另一些程序允许你将语音分成简短的短
语,在转录时更容易控制。一些软件可以使用脚踏板(通过 USB 线连
接)停止并开始播放。如果你是一个优秀的录音打字员,这是一个很好
的小工具,因为你在停止和开始的时候手指可以都保持在键盘上。对
于打字速度较慢的人来说,软件中的另一个有用工具是慢速重放并同
时调整音高的功能。这样的录音听起来仍然很正常,但只是播放速度
慢得多,这对于制作精确的转录非常有用。Windows 系统和 Mac 系统
都有转录软件,包括免费的快速转录(Express Scribe)、F4 转录(F4
Transkript)和 F5 转录(F5 Transkript)。一些 CAQDAS 程序也提供
这些转录功能。

录音打字员

　　如果你有经济实力的话,雇用别人来做转录是一个不错的选择,尤
其是当录音比较容易理解或者需要转录的笔记和文档容易阅读的时

候。如果你雇用的打字员对访谈的主题和背景有所了解是最好的，同时还要确保他们知道你要求什么样的转录层次。你也需要尽早检查他们的工作，确保格式是你想要的，因为你最不想看到的就是你为了非常详细的转录支付大量的钱，而这些转录却不是你那么需要的。不管谁来转录，你仍然需要亲自对照录音或原始文本检查文件，以消除错误。这并不是在浪费时间，再说阅读转录稿（并听录音）也是开始分析的机会。

别忘了打字员会听或读你所有的资料。如格雷戈里等人（Gregory et al.，1997）提醒我们，他们是"易受伤害"的人。如果你的资料内容是情绪化和敏感的，你可能需要考虑将您的转录员纳入您的道德考虑范围，可能也需要提供一些情况询问以支持他们。

光学字符识别和语音识别软件

近年来，有两种新技术已经出现，这两种技术可以帮助转录。如果你有一些打字或打印的文件，你需要得到一份电子副本，那么与扫描仪一起使用的光学字符识别（OCR）软件将会有所帮助。如果原始纸质版本质量良好，并且打字稿使用标准字体，比如 Courier 字体，那么软件就能很好地从纸质副本中生成文字处理器文件。将文本保存为纯文本，因为格式化文本提供的布局、字体等很少与分析有关联。

有时质性研究者使用一种更新的技术，即语音识别软件，这会将语音输入一个特殊的高质量麦克风之中，并将其转换为文字处理器文件。该软件可以用于自然语言，也可以兼容多个英语版本，如英式英语、东南亚和印度英语，以及一些非英语语言，如西班牙语。然而，它需要先被训练以识别一个特定用户的语音，并且需要非常高质量的声音或录音（理想情况下，是 WAV 文件）。由于这些原因，它不能直接用于低质量的录音，尤其是焦点小组录音。然而，一些有进取心的研究者设计出一个带有耳机的音频播放器或使用电脑，他们可以用耳机听录音，然后随着录音的播放，他们会在每个短语后暂停，并口述到语音识别软件中，而不是以并行翻译的方式。精确度是可变的，但是对于第一稿转录来说,这通常就足够了,此后可以对照录音进行适当的检查。语音识别是一项计算密集型任务,所有程序都需要相当高性能的计算机支持,所以在购买之前要先检查一下计算机配置。

准确性

不管选择如何转录,是 OCR、语音识别还是人工打字,都需要与原件核对。其间,会有多种原因导致错误的产生。首先,会有简单的打字错误、拼写错误等。大多数都可以使用文字处理器内置的拼写检查器和语法检查器来纠正。然而,在大多数情况下,你都会想要准确记录受访者所说的话,即使这不合乎语法。在其他情况里,更复杂的错误会出现,因为转录员听错了录音中的话。有时这是因为录音是在嘈杂的地方进行的,或者录音夹杂了录音设备本身的声音,因此很难听出录音中说了什么。在面对面的演讲中,人类非常擅长滤除这些噪音,但是录音并不擅长滤除这些噪音,在嘈杂的背景中,就会遇到更大的听力困难。但是,即使声音很好,也往往会出现一些情况,比如转录者听到了一件事,而受访者说的却是另一件事。所以,在一些情况下,听到清晰的话,也需要理解和诠释,因为有时即使声音清晰,但诠释是错误的,就像英国喜剧演员伦尼·巴克(Ronnie Barker)混淆"四支蜡烛"(four candles)和"叉子把手"(fork handles)的经典喜剧小品。然而,多数情况下,在诠释的过程中,听到的与实际上所说的内容可能会有所不同。表 2.1 列出了加拿大研究者雇用录音打字员对工会活动访谈进行转录时发现的一些诠释错误。

表 2.1　抄录错误的例子

转录员输入的短语	受访者实际所说的
任意诠释	
reflective bargaining(反思谈判)	collective bargaining(集体谈判)
the various(各种类)	those areas(各地区)
leading(导致)	relating(有关)

转录员输入的短语	受访者实际所说的
certain kinds of ways of our understanding（某些理解方式）	surface kinds of ways of understanding（表面理解方式）
and our（我们和）	and/or（和/或）
generally（通常）	gender line（性别线）
mixed service（混合服务）	lip service（口惠而实不至）
overrated（被高估）	overridder（覆盖）
accepted committee（接受委员会）	executive committee（执行委员会）
denying neglect（否认忽视）	benign neglect（善意忽视）
相反意思	
ever meant to（曾经意味着）	never meant to（从未意味着）
it just makes sense（有道理的）	it doesn't make sense（没道理的）
there isn't a provision for day care（没有关于日间护理的规定）	there is a provision for day care（有一个关于日间护理的规定）
formal（正式）	informal（不正式）
there's one thing I can add（我补充一件事情）	there's nothing I can add（我没有什么可以补充的）
there's more discernible actions（有更多可辨别的行为）	there aren't discernible factions（没有明显的派别）

资料来源：卡尔·库尼奥（Carl Cuneo）的电子邮件，1994 年 6 月 16 日，QUALRS-L Listserv。

其实可以有多种举措来最小化这些错误。音质越好越有帮助，因此请使用好的设备。但是不管声音有多好，总是需要诠释和理解所听到的内容。减少错误的最好方法是确保转录员理解他或她正在转录的内容背景和主题，并习惯说话者的口音、节奏和韵律。因此，转录员可能需要接受培训来帮助他们熟悉主题。这反而是研究者自己转录的最大优势之一，因为你知道访谈的背景，并且我希望你熟悉主题。

你也可以使用文字处理器来检查你文本中的拼写，不仅普通单词应该拼写正确，专有名称、方言和行话术语也应该拼写一致。这意味着，如果你使用软件来帮助你的分析，你可以使用其中的搜索工具，而不必担心搜索不到其他拼写方式。

打印转录稿

即使你打算使用 CAQDAS 来帮助你分析,你也会希望打印出你的转录稿,因为你会希望用打印稿来做一些分析,检查起来也更容易,你可以把它们展示给受访者检查。在这个阶段要决定的一件事是,你是将 CAQDAS 作为你的主要分析工具,还是保留你分析的记录——尤其是你的编码。如果你正在做其中任何一项工作,那么你应该确保你打印出来的结果与你导入 CAQDAS 程序时屏幕上显示的文本相同。这样,你可以更容易地将你在转录稿上写的任何笔记转移到软件中。在这种情况下,最好将转换脚本导入 CAQDAS 程序,并使用该程序将其打印出来。

如果你不打算使用 CAQDAS,那么你可以直接从文字处理器中打印出来。在这个过程中,有以下三件事需要考虑。

行号

如果你想让你的转录稿显示行号(一些方法推荐这样做,例如交叉引用),那么用文字编辑软件来设置。软件大多可以自动执行此操作,不必手动(例如,在 Microsoft Word 中使用"页面布局"功能区)。注:如果你使用 CAQDAS,则用该软件插入行号。在将文件导入项目之前,请勿在文字处理器中执行此操作。

边距

在工作表上留下很大的空白,以便做注释和书写编码思路。大多数人在右边留下很大的空白。在文字处理器中使用边距设置(例如,在

Microsoft Word 中选择所有文本，然后在标尺中移动边距标签）。

行间距

双倍行距（或使用 1.5 倍行距）同样给文本留下了添加下划线、评论和画圈的空间。（在 Microsoft Word 中使用"主页"功能区。）

互联网资料

避免大多数与转录相关的问题的一种方法是通过互联网收集资料。可以从互联网上收集的所有文本资料，如电子邮件、网页、聊天室对话、商业新闻档案等，都已经以电子形式出现了，不需要转录。大多数电子邮件仍然是纯文本的，所以直接保存邮件没有问题。但是，保留标题信息也很重要，这样你就可以知道消息来自谁、发送给谁、何时发送以及是关于什么主题的。有些电子邮件是线程化的，也就是说，同一主题的消息按时间顺序连接在一起。你可能想要保留文件中的线程信息以供分析，例如，你可以按时间顺序将所有消息放在同一文件的同一线程中。

网页带来了不同的问题。你当然可以简单地保存 URL、页面的地址等，等你想分析资料的时候，你可以在浏览器中找到那个页面。但是在你分析的时候，页面可能会改变（例如，如果它是一个讨论组，那么可能会增加更多的讨论），或者它可能会消失。因此，在访问页面时，你可能需要快照拷贝。网页不是用纯文本写的，而是用标记语言写的，例如 HTML，这样它们才能在网络浏览器中以格式化的形式显示。网页还可以包括各种多媒体元素，例如图像、声音和视频。你需要决定是否只需要文本——若是，则保存网页为纯文本（网络浏览器的"文件—另存为"菜单中的选项）；或者你是否希望将它们保存为包含多媒体元素的网页（或网络存档）。如果你将它们保存为网页或网络存档，那么当你想分析它们时,你需要使用网络浏览器再次打开它们。

大多数 CAQDAS 程序可以导入和编码纯文本文件。但是它们不能显示浏览器可以显示的 HTML 文件。如果你想在 CAQDAS 项目中添加来自网络的资料,那么你需要将页面保存为 pdf 文件(这通常是打印对话框中的一个选项)。这将保留网页中的大多数可视元素,但不会保留任何音频或视频元素(尽管它可能会保留网络版本的链接)。大多数 CAQDAS 程序可以读取 pdf 文件,并允许你对它们进行编码。CAQDAS 中的一个程序 NVivo,它有一个适用于 Internet Explorer 和 Chrome 浏览器的插件,使你能够以 pdf 格式捕捉网页并以资料库格式捕捉推特消息。

即使你将所有要分析的 pdf 网页导入 CAQDAS 项目,也会丢失其中的超链接。网页通常包含指向其他网页的超链接。因此,它们是**互文性**(intertextuality)的极好例子,体现了文档之间的联系和相互依赖。因此,一个网页的意义是仅仅由网页本身的内容来体现,还是需要包含一些或全部超链接所指向的网页,这是一个有争议的问题。将站点保存为网络存档可能是一种选择,但这可能无法处理所有相关的超链接,例如指向外部网站的超链接,并且这意味着很难使用 CAQDAS。

在某些情况下,例如从商业新闻档案中选择材料时,即使将文件转换为纯文本,也可能需要一些处理和过滤,以消除多余和不相关的材料。筛选的过程可能不够有选择性,就像西尔(Seale,2002)在商业新闻档案中搜索癌症文章时发现的那样,他拿到的许多文章是关于占星术和巨蟹座 * 的,而不是关于他感兴趣的疾病。

元资料

简而言之,元资料是关于资料的资料。在资料准备的背景下,有两

---

* 在英文中,"癌症"和"巨蟹座"拼写相同,都是 cancer,二者只是首字母大小写不同。——译者注

种重要的元资料形式需要考虑。第一，是关于访谈、笔记等的信息，它们记录了访谈、笔记等的出处、内容概要以及涉及的人。第二，是关于需要存档的资料细节的信息，比如研究进行的细节，以及受访者的传记信息。

关于文档出处的信息保存在文档摘要或封面中（之所以这样说，是因为当打字稿被打印时，这些资料被保存在单张的、顶部或封面的纸上）。如果你正在制作电子转录稿（如文字处理器文件），那么在你的文件起始处添加这些信息是很简单的事情。专栏 2.3 列出了典型内容。

专栏 2.3　元资料文件的典型内容

文件摘要表格或文件说明

通常情况下，总结有关访谈的信息，包括（如适用）：

● 访谈日期。

● 有关受访者的履历详情。

● 访谈的主题和情况。

● 访谈员的姓名。

● 与访谈相关的现场笔记的来源。

● 相连的文件（例如之前和之后的访谈）。

● 文件来源（完整参考）。

● 分析的最初想法。

● 受访者的假名和其他匿名对照。

准备档案

在某些情况下，你可能希望将资料保存到档案中，以便其他人可以使用你的成果并可能对其重新分析。在英国，有一个组织叫做"英国资料服务"（the UK Data Service），他们就此提供了建议。在他们的网站

www.ukdataservice.ac.uk/deposit-data 上写有你需要做什么的详细建议。正如我上面提到的,你需要匿名处理转录稿,但是档案通常也希望有未经匿名化的原件,以及匿名化过程的细节。资料的其他使用者有义务像你一样保持资料匿名。如果材料特别敏感,你可以让材料禁止流通一段时间,或者限制对它的访问。

档案通常需要你提供所使用的各种附加材料,包括文件,如刚刚讨论过的封面、实地记录和你收集到的其他书面或印刷文件,以及抽样策略、访谈时间表等的详细信息。你可能需要一些时间和努力,才能把这些材料调整到适宜存储的状态。如果你被要求将你的资料归档(就像 ESRC 资助的项目一样),那么就需要提供此类资源(见 Rapley,2018)。

着手组织

在质性分析中,你不仅要处理大量的资料(转录稿、图像、视频、文档等),还要处理分析过程本身所增加的很多资料(编码的文本、备忘录、研究日志、文档摘要等),所以你需要想出一些组织和管理所有材料的方法。毫无疑问,现在管理项目材料的首选方式是使用 CAQDAS。像 ATLAS.ti、MAXQDA、NVivo 和 QDA Miner 这样的程序不仅设计了有助于分析的功能,还能帮助你掌握你将拥有和要创造的所有资料。如果你使用这样的程序,便能够将所有的项目文档保存在一个地方,该程序将帮助你为这些资料创建一个有意义的组织构架,并添加适当的元资料。

但是你不一定要使用 CAQDAS。如果你无法获得软件,或者你的项目很小,和/或你没有时间学习使用软件,那么你大可以用电脑和纸来进行分析(当然,在有电脑之前,研究者只用纸)。最有可能的情况是,你将使用电脑来管理你的所有资料和分析,但即使是现在,你也可能只能以非数字的形式获得某些资料,比如书籍、报告和文档等,但是你也会有能保存在电脑上的关于它们的笔记。专栏 2.4 列出了一些你必须管理的文档。

专栏 2.4　需要管理的资料和文件

- 实地笔记。

- 访谈转录稿（和音频/视频记录）。

- 焦点小组转录稿（和音频/视频记录）。

- 访谈、焦点小组等的封面文件。

- 文档（包括组织/管理文档和网站）。

- 媒体文档和社交媒体文档（新闻剪报、推文等）。

- **伦理**（ethics）文档（签署的同意书、信息表等）。

- 信件和电子邮件（许可、安排等）。

- 调查回复（完成的问卷、电子表格等）。

- 组织图表、示意图等。

- 研究日志。

- 备忘录和其他分析性文字。

- 政策文件、政府报告等。

- 根据分析编写的报告和论文。

- 相关的学术文献（如今许多都是 pdf 文件）和文献笔记。

在你的电脑上组织文件最简单的方法就是使用文件夹。例如，你可能有一些文件夹用于分别放置研究中的每个案例，也有可能有一些文件夹用于分别存放你访问过的每个情景（例如，你的案例可能是学校老师，情景可能是你去观察和采访老师的学校）。在这些文件夹的名称中包含日期是有意义的，这样可以记录收集资料的时间。如果你进行了多轮资料收集，那这一点可能特别重要。你也有可能有存放你收集的各种文档的文件夹（包括任何组织资料）和存放所有调查资料的文件夹（如果你正在进行混合了不同研究方法的研究项目）。CAQDAS 程序允许你在项目文件中做类似的文件夹管理。

你也可以有一个文件夹来存放你正在为你的项目而浏览的所有文

献的笔记。在这一点上,按主题管理笔记是有意义的,因此,也许每一个不同的大的文献主题都应该有一个文件夹。

下一章将讨论作为分析的一部分,你将进行的所有类型的写作,所以你也需要保持井井有条。电脑上储存文件时都会有两个时间,即你创建它们的时间和最后一次修改它们的时间。但是如果你手写笔记或者手写研究日志,那么当你写下它们或者把它们添加到日志中的时候,记录日期是有意义的。这不仅对于知道你的想法和这些想法出现的顺序是很有用的,而且这些文档也可以成为你分析思维的审计线索的一部分(见第 7 章)。你也会发现你将做大量的交叉引用。(这个受访者工作的学校的校长是谁? 这位销售代表去年与哪些客户打交道?)因此,将这些资料包含在相关文档(访谈转录稿)中或者创建单独的文档(如专栏 2.3 中的文档摘要)是有意义的。

所有这些文件夹和文件的安排都是灵活的。你可以改变它们、重新安排它们,来反映不断变化的分析需求和不断发展的诠释。你甚至可能会发现文档的文件夹结构反映了分析的几个主要发展阶段。例如,如果你将备忘录保存在按主题命名的文件夹中,你可能会发现文件夹名称暗示了一种撰写分析报告的方法。不过,最重要的是,不要错误地认为你可以把所有的东西都放在电脑桌面上,并且认为你对它们了如指掌,因此能够记住所有的东西都在哪里。这在几周内是可能的,但是几年后,甚至仅仅几个月后,在你第 30 次访谈之后,你面对的就很可能是一个凌乱的电脑桌面。

本章要点

● 大多数质性资料被转录成打字(或经文字处理的)文本,这是因为研究者发现使用打字稿比使用潦草的笔记或录音、录像更容易。然而,转录涉及传播媒介的改变,因此涉及资料的某种程度的转换和诠释。

● 一个后果是，你需要决定使用何种转录层次，依据如下：你在转录每一个说出来的单词时，是否也想转录每一次暂停、强调、音调变化和重叠的讲话，还是一个不太详细的转换足以达到你对转录的要求。

● 最好是你亲自转录，因为你很清楚主题，不太可能出错，这也让你有机会开始思考怎么去分析。现在有一些新技术，如 OCR 和语音识别软件，可能会使这项任务变得更容易。然而，如果你有资金，你可以雇用一名转录员来做这项工作。

● 无论哪种方式，转录的准确性都很重要。你需要检查你自己录入的内容或者检查转录员完成的工作。转录的过程很容易犯下会彻底改变意思的错误。

● 避免大量转录的一种方法是从互联网上收集资料。来自电子邮件、聊天室、网页、博客等的资料意味着已经有人帮你打好字了。但是，你可能仍然需要做一些处理，从而将资料转换成分析所需的形式或 CAQDAS 项目所需的形式。

● 质性分析使用大量不同类型的资料，并在分析过程中产生大量文字和文档。因此，你需要学会组织和管理，保持所有这些材料整洁，并且在你需要的时候可以很容易地找到它们。

拓展阅读

以下著作将详细地扩展这一章的主要内容：

Bird，C.M.（2005）"How I stopped dreading and learned to love transcription"，*Qualitative Inquiry*，11(2)：226—248.

Brinkmann，S. and Kvale，S.（2018）*Doing Interviews*(Book 2 of *The SAGE Qualitative Research Kit*，2nd ed.). London：Sage.

Park，J. and Zeanah，A.E.（2005）"An evaluation of voice recognition software for use in interview-based research：a research note"，*Qualitative Research*，5(2)：245—251.

Poland，B.D.(2001) "Transcription quality"，in J.F. Gubrium and J.A. Holstein(eds)，*Handbook of Interview Research*：*Context and Method*. Thousand Oaks，CA：Sage，pp.629—649.

Rapley，T.(2018) *Doing Conversation*，*Discourse and Document Analysis*（Book 7 of *The SAGE Qualitative Research Kit*，2nd ed.). London：Sage.

Salmons，J.(2016) *Doing Qualitative Research Online*. London：Sage.

3 写 作

主要内容

　　研究日志

　　实地笔记

　　备忘录

　　撰写报告

学习目标

　　阅读本章后,你应该能够:

　　● 理解写作作为分析的一部分的作用;

　　● 了解质性分析中常用的三种书面输出形式:研究日志、实地笔记和备忘录;

　　● 更多地了解它们在促进你的分析性思考中的作用;

　　● 明白在项目的过程中你需要一直写作,这样当你进行到最后时,你就已经写了很多东西,可以简单地提炼汇总。

　　不管书面报告形式取向如何,所有质性分析的作者都承认书面文字的重要性,无论是写下想法、收集实地笔记还是撰写工作报告。在整个分析期间,利用你收集的资料,并将写作作为一种发展关于资料所表示的内容、如何分析资料以及可以做出什么诠释的思路的方式,这是无可替代的。因此,将这一章放在本书靠前的部分有两个原因。

　　1. 把所有的写作都放在所谓的"写作"阶段不是一个好主意,你应该尽早开始写作。在资料收集和分析过程中写作,会鼓励你记下你的想法和直觉,尽管这些想法很有可能会随着你的项目进展而被极大地改变。你可能会倾向于只写笔记,因为你的时间只够你这样做。但是,应尽量避免把这些想法只是记录为笔记,而尽可能快地将它们"写"到叙述中,最好是写到文字处理软件或 CAQDAS 中,对任何手写的草稿都这样做。这是因为:

● 当你记下那些对你有意义的笔记时,几年后,甚至几个月后,你可能就不再明白这些笔记的意义了。

● 写作就是思考。你会很自然地相信,在你开始写之前,需要先清楚自己想表达什么。然而,大多数情况恰恰相反。你可能认为你有一个清晰的想法,但是只有当你写下来的时候,你才能确定你真的有(或者可悲的是,有时候,你没有)。不得不将想法传达出来,这是一次极好的机会,可以测试你的想法的清晰程度、你的理解有多连贯。写作是实现这一目标的理想方式。一些良好的书面写作案例请见表 3.1。

表 3.1　两个黄金法则:早点写,经常写;不管正不正确,先写下来

"早点写,经常写"法则行之有效,因为:

1. 你写得越多,就越容易。

2. 如果你每天都写作,这就成了一种习惯。

3. 一点一点的文字加起来就是大量的文字。把文章分成小部分。在一个问题上写 100 个单词,在另一个问题上写 200 个单词,然后完好地保存它们。就这样堆积起来了。

4. 你拖的时间越长,任务就变得越糟糕。

"不管正不正确,先写下来"法则行之有效,因为:

1. 除非写在纸上,否则没人能帮助你完善。写草稿,给别人看草稿,再重新起草。

2. 起草是澄清思想的重要阶段。

3. 开始写你脑海中最清晰的部分:不是引言,而是第 4 章,或者附录,或者结论,或者方法。当你起草的时候,其他的部分也会变得清晰起来。

4. 只有草稿才能揭示目前为止有哪些不正确的地方。

资料来源:改编自 Delamont et al., 1997, p.121。

2. 从非常真实的意义上来说,写下笔记和写下研究的最终叙事性说明,是分析本身的核心部分,尤其是在质性研究中。许多质性分析都涉及诠释,这意味着你必须弄清楚到底发生了什么,这些事情到底意味着什么，以及为什么会发生这些事情。你要从大量的单词、图片、声音或视频图像开始。这些都是有意义的，但是你需要以既忠实于你正在调查的受访者、知情人和情境，又忠实于阅读你报告的读者的方式，来解释事情和重新表达它们。

研究日志

　　许多研究者都有一份反思性的研究日记或日志，用以记录他们的想法、与其他研究者的讨论、对研究过程本身的看法以及与整个研究项目和资料分析相关的任何其他事情，这对于处于任何发展阶段的任何研究者来说都有好处。对一些人来说，日记是一份非常隐私的私人文档，反映了他们自己的研究"旅程"。对其他人来说，这是一份范围更广的文档，更像一些人所说的实地工作日志或研究日志，其中包括对资料收集方向和分析想法、思路、灵感的日常评论。你可以使用日记格式（大的、一页即一天的本子）、活页日记，或者我更喜欢的那种大的装订册。用这个来记录以下内容：

　　● 你做了什么，在哪里，怎么做，为什么做，什么时候，可能还有时间标识（这样你就可以改进你的时间管理能力）；

　　● 你所阅读的内容（作为记录，将有助于你的文献回顾和分析）；

　　● 联系人摘要，内容包括研究涉及哪些人、事件或情况，联系人的主要议题或问题，联系人所带来的新直觉以及下一位联系人可能会处理的新问题；

　　● 你收集了哪些资料，如何处理，结果如何；

　　● 特定的成就、遇到的困难和惊喜（例如，当一个莫名其妙的事件突然变得清晰时，或者当你终于可以看到一个特定的理论如何有助于解释你正在分析的情况时）；

　　● 你对正在发生的事情的想法或感受——无论是在实地调查

还是在分析过程中(例如,你是否觉得自己的分析是冗长的、被动的,或者你是否觉得正在调查的情境中有一些方面你没有正确理解);

● 你脑海中出现的任何可能与你的研究相关的想法(尤其是你阅读文献甚至新闻条目时可能产生的新直觉,这有助于你发现可能的联系);

● 影响你的任何其他事情,尤其是对你资料收集和分析的未来方向的思考。

(改编自 Cryer,2000,p.99;Miles and Huberman,
1994,pp.50—54)

实地笔记

实地笔记是在研究环境中的同期记录(参见 Coffey,2018)。它们部分是心理笔记(帮助你记住谁、什么、为什么、何时、何地等信息),并且可以在你仍在现场的时候记录,更可以在你离开现场后立即记录,以写下你正在观察的人说出的关键词和短语以及采取的行动。实地笔记与**人群志**(ethnography)和**参与式观察**(participant observation)尤为相关,是这两种研究方法中收集资料的核心技术。通过诠释、重新表达这些记录来撰写最终报告并使其作为报告中的案例,这是人群志资料分析的核心过程。实地笔记有几个重要的特点。

● 它们不是计划好的或结构化的,而是开放式的、松散的,通常是没有规则的、杂乱无章的。

● 它们是一种再现事件、描述事件的方式,但不是事件本身,因此是对世界的诠释。要写实地笔记,就必须要有选择性。你必须确定那些对你的工作或者那些参与情境的人来说很重要的事情。

● 它们是对人们所说和所做的事的描述,但不仅仅是对事实的记录。这些说明不仅仅是"反映"现实。正如埃默森等人(Emerson et al.，2001，p.353）所说："描述性写作体现并反映了特定的目的和承诺，它还涉及诠释和感觉塑造的积极过程。"

● 最终，尤其是在写作时，它们积累成一个语料库，一个写作内容的集合，这将成为你质性分析的基础，并为你的报告提供例子。

虽然实地笔记通常与人群志相关，但研究者也可以使用其他方法，如焦点小组和访谈来收集笔记。这些研究者经常写下他们收集资料的经历，例如，那些访谈的人可能会记下访谈的情况（谁在那里，以及访谈者和受访者在哪里，受访者是放松的还是出于某种原因感到匆忙或分心等），同时记下任何打断访谈的情况（儿童闯入、火警、电话等）。一些研究者不完全信任他们的录音机，于是自行记录他们所说的话和任何其他重要信息（手势、肢体语言、表情、举止）。在访谈中使用录音设备的研究者的一个常见经验是，在录音机关闭后，受访者会提供更多的信息，有时是对秘密的泄露或揭发。为了努力捕捉这些信息，研究者必须记住他们所说的话，并在第一时间（比如离开受访者后，坐在自己的车里，或是回到汽车站的时候）写下来。

撰写实地笔记

在言语和事件从记忆中消失之前，你需要尽快写下笔记。这种写作过程实际上是质性分析的第一步。当你写作时，你需要做如下区分。

● 记录发生的事情，即描述发生的事情。

● 记录你自己的行动、问题和对所发生事情的思考。

关于是否应该把这些笔记分开，有一些争论。一些研究者喜欢区分什么是原始资料，什么是评论、反思、分析思想等。例如，扎根理论的提出者（见第4章）认为在原始资料（如访谈）与备忘录里的评论、分析之间应该有严格的区分。这一点我们会在稍后讨论（Glaser and Strauss，1967；Flick，2018d）。另一些人认识到，即使是实地笔记的原始资料也不是价值中立（value-free）的，它们包含了反映研究者世界观的偏见、观点和理论，因此无需为区分两者而过于忧虑。对待这种区分有多严格，取决于研究者在这些问题上的立场，然而，记住这种区别并认识到描述在多大程度上是诠释的产物并非固定不变,这是大有裨益的。

后一种观点通常与建构主义的研究哲学有关,但它也反映了一种在人群志学者中普遍存在的方法,即他们认为不能不假思索地在他们的作品中宣称客观性。这意味着,不仅研究者要小心谨慎,不要毫无理由地采用权威的声音,而且他们的写作可以——或许是应该——包括主观因素,比如他们自己的经历和感受以及对于被研究者的情绪。范玛宁(Van Maanen,1988)区分了在人群志中呈现研究结果的三种基本形式,专栏 3.1 概述了这些情况。虽然这说明了更多可能的方法,但是在社会科学的大多数领域,现实主义的故事至今仍然是为最多人所接受的。然而,正如范玛宁承认的那样,现实主义故事通常包括自白或者基于印象的部分。

专栏 3.1　范玛宁的田野故事

现实主义的故事

观察到的事物被看作事实,或通过引用文本、受访者说的话来记录。这种故事介绍了研究对象的典型或常见形式,如日常生活的表现和具体细节,强调了被研究者的观点和信念。有时,报告可能试图采取"诠释性全知"(interpretive omnipotence)(Van Maanen,1988,p.51)的立场,作者几乎完全没有出现在文本中,超越了主观观点,以一种没有自我反思和怀疑的毋庸置疑的方式提出了更广泛、更普遍和更具理论性的诠释。

自白的故事

这是更个性化的报告方式。报告中阐明了作者的观点,也讨论了这些观点在研究和诠释中扮演的角色。作者的观点被视为和方法论议题一样的议题,就像有关"进入实地"的议题和收集资料的议题一样。这种写作明确区分了个人的自白和方法论的自白。呈现中的自然性与扎根于所收集资料的陈述,被共同用来展示所发生之事如何是两种文化的会面。

（续表）

> **基于印象的故事**
>
> 这些故事的形式是戏剧性地讲述事件,这些事件通常是围绕引人注目的故事展开,并按时间顺序组织的。它试图通过纳入与记忆相关的所有细节,来创造一种聆听、观看并体验研究者的所作所为的感觉。就像一部小说一样,作者试图让观众感觉到身临其境。叙事通常与文本身份、碎片化的知识表征和戏剧性控制的惯例一起使用。
>
> （改编自 Van Maanen，1988）

撰写实地笔记的策略

下面是一些写实地笔记的常见策略。请按照你的情况和需求选择。

● 作者的散记(prose)。请记住,这些笔记不是公开文件,因此它们可以有偏见,可以不够审慎。除了你,没有人会看到它们,尤其是你参访的研究对象不会看到他们,所以你可以坦诚相待。

● 题记和转录。包括对事件和活动的描述(题记)以及知情人自己的文字表达和对话(转录)。

● 回忆和排序。按时间顺序排列事件。标注关键转折点、重大事件,并且在重要主题方面保持系统性。你可以用事后逻辑(post-hoc logic)(以你后来所知的东西来串连它们)或者戏剧性的表达(只记下你当时知道的东西,随着故事的展开会出现惊喜)。

● 行动和对话的修辞表达。使用详细的意象(imagery),写下一些抓取事物形象的短小片段。或者写更多的故事,随着时间的推移,有时故事会积累为高潮。这甚至可能会发展成一个实地笔记故事,带有完全真实的角色。但与小说不同的是,这不会有强烈的戏剧逻辑,而是像现实生活一样,会毫无目标地展开。你甚至可以加入对话,只要你能回忆起它们。

● 立场。你需要决定你与受访者的距离。你是采取参与和同情的立场,还是保持中立、客观?

● 观点。你需要决定笔记是以第一人称写的("我做了这件事""我看到了那件事"),还是以第三个人写的("她做了那件事""他们一起做了那件事""他说了这件事"),还是以混合人称写的。

● 情绪。你可以加入自己对事件或整个研究的情绪和感受的描述。这些可能是有用的,因为它们与受访者的情绪和感觉相映照,它们可以用来识别偏见和歧视,并有助于日后形成分析线索。

如果这些看上去很复杂,请记得,你才是专家。你亲历了那些事情。正如邓津(Denzin)所言:

> 文本中给出的内容和所写的内容,都是由记忆和实地笔记组织和形成的。按此法则写就的文章,有力地再现和重新创造经验的文章,它们会自己展示力量和权威。除了作者本人,没有人能以这种方式给读者带来这个新的世界一角。(Denzin,2004,p.454)

备忘录

以扎根理论为主题的写作者们,已经成功推广了使用备忘录作为质性分析的一种方式。当你进行关于思想的主题编码和分析框架的一般发展时,备忘录被看作一种理论化和做评论的方式,本质上是为你自己(或研究团队中的其他人)所做的关于资料集的注释。格拉泽(Glaser)是扎根理论的创始人之一,他对备忘录的定义如下。

> 对于代码及其相互关系的思路的写作,这些思路是分析者在编码时突然想到的……这种写作可以是一个句子、一段话或几页论述……它完全表达了研究者基于资料的瞬时想法,也许还会有一些一点概念上的阐述。(Glaser,1978,pp.83—84)

正如我上面提到的,扎根理论家倾向于将备忘录中出现的分析性想法与原始文件(访谈转录稿、实地笔记、收集的文件等)严格分开。这部分是因为你需要始终以资料为基础,所以你必须知道什么是资料,什么是你的评论。此外,按照最初的设想,备忘录是关于资料的编码的。编码将在下一章中更详细地讨论,但本质上,它是一个过程,先识别出实地笔记或访谈中的某些段落,这些段落作为例证说明了某些主题思想,再给它们贴上标签——代码。备忘录是对代码的分析性思考,并在编码过程中提供了说明和指导。然而,它们也构成了分析的下一个步骤:编码之后的报告。备忘录通常包括可以包含在你的最终报告中的想法和扩展讨论。

其他研究者使用备忘录的方式更加灵活。理查森(Richardson)继格拉泽和斯特劳斯(Glaser and Strauss,1967)之后提出的一个想法,那就是将笔记分成四类(你也可以用这种方法将这些笔记整合进实地笔记,或者将这些想法写在你的研究日志中)。用括号里的字母在每一个页面上做清晰的标记。四个类别如下。

● 观察笔记(observation notes,ON):尽可能具体和详细地描述你看到、听到、感觉到、尝到,或以其他方式体验到的东西。

● 方法笔记(methodological notes,MN):关于自己如何收集"资料"的笔记——与谁交谈、穿什么、何时打电话等。

● 理论笔记(theoretical notes,TN):直觉,假设,联系,竞争性诠释,对你正在做/思考/看到的事情的批评。

● 个人笔记(personal notes,PN):这些是你对研究的感受,你正在和谁交谈,你的疑虑、焦虑和快乐。

(改编自 Richardson,2004,p.489)

从你开始资料收集到你完成报告的整个研究过程中,都应该写备忘录。当灵感来袭时,一定要优先写备忘录。一旦才思泉涌,就应当记录并顺着思路走下去。备忘录有多长其实并不重要。如果需要的话,可以在以后对它们进行修改和拆分。像实地笔记一样,备忘录是只供你一个人浏览的,所以你大可以直截了当,而不追求写出一篇篇文笔优美的作品。除非是作为一般概念的例子,否则尽量在概念层面上保留备忘录,避免谈论个体特征。如果你正在做案例分析,你可能不会严格遵循这一点,但是仍然要努力将你对案例的评论保持在概念层面上。专栏 3.2 总结了备忘录可以写些什么。

专栏3.2 备忘录的使用

1. 关于代码的新想法。这可能是从受访者说的话中得到的启发。你可以在手边保存一个代码列表,以帮助交叉引用。

2. 只是一个瞬间的直觉。指出什么只是直觉或猜测,什么受到资料中的证据支持。否则,你再回来的时候会认为一个单纯的直觉是有证据支持的。(它可能有,也可能没有。)

3. 综合讨论(比如讨论此前记录的一些反思性评论)。这通常会汇集一个或多个备忘录和/或代码定义。这里的一个关键任务是比较这些代码、情境和案例。

4. 作为研究者之间的对话。备忘录是与同事分享分析思路的好方法。把你的名字和日期写在备忘录上,这样,人们就知道这是谁写的,什么时候写的。

5. 质疑资料的质量。你可能会觉得受访者对某事并不完全坦率,或者他们其实并没有资格回答问题,比如,这个故事并不是他们亲身经历的。

6. 质疑最初的分析框架。你可以针对现有的代码写一份备忘录,以质疑它是否真的有意义。如果代码上的备忘录看起来相似,可以考虑合并代码,因为这通常表明代码实际上是针对同一问题的。

7. 一个案例中有哪些令人困惑或惊讶的事情?检查质性资料的一项关键技能是能够发现令人惊讶的东西。有时候,我们对环境太熟悉,找不到令人惊讶的东西,或者更常见的是,我们根本没有发现它。

8. 对另一份备忘录提出竞争性假设。这是项目参与者之间的一种内部对话,如果你独自工作,也可以是和你自己进行的对话。

9. 如果你还没有一个清晰的想法但正在努力思考。你可能觉得自己找到了些什么,在这种情况下,写下来可能有助于理清思路。记住,你总是可以在之后回头,冷静地审视你写的东西是否仍然有意义。

10. 提出一个总的主题或**隐喻**(metaphor)。这是一项更具综合性或整体性的活动，在你分析的某个时候，你需要开始尝试结合各个方面。

（改编自 Gibbs，2002，p.889）

撰写报告

如果你在整个项目中一直写作，写日志和备忘录，那么最终报告的任务就不会那么艰巨了，因为你已经有了许多段落，甚至是完整的章节，足以构成最终报告的一些版块。即便如此，这项任务看起来可能还是令人生畏。然而，没有必要从第 1 章开始，只要从最简单的章节或部分开始就行了。这将减少提笔开始和推进的难度，因为你写得越多，你对这个项目的感觉就越好，对剩下的文章也就越有信心和清晰的思路。

一些作者依靠事先列好的列表或大纲来发展他们的想法。其他人发现最好从陈述他们工作的目的或目标开始，然后继续写下去。写作时，有些人喜欢一次写一个句子，在下一个句子之前，先润色上一个句子。相比之下，另一些人更喜欢自由写作。他们尽可能快地把所有的想法全部写下来，然后回去整理。我认识的一位教授喜欢同时写几个方面，他会花一个小时在一个问题上，然后转移到另一个问题上面，再花一两个小时。这种方法不适合我，我觉得光是集中对付一个方面就已经够难的了。所以，只要你还没有放弃写作，那就选择适合你的方法，即使那只是在某一时刻比较适合你的方法。

报告的组织

你需要找到一个组织结构，来将你所有不同的想法整合成一个连贯的"故事"。这种结构通常会以章节的形式出现在你的报告中。例如,在最简单的情况下,你可以给出一个按时间顺序排列的说明,其中每个章节都是你研究中的一个片段;或者是一个按案例排列的说明,其中每个章节讨论一个案例。表 3.2 给出了一些其他选择。

表 3.2　组织质性研究报告

1. 一组个案研究,随后讨论个案之间的异同。
2. 围绕主题构建说明,根据需要从每份转录稿(或其他文本)中提取说明性示例。
3. 研究结果的主题介绍,使用不同的个案研究来说明每个主题。

资料来源:改编自 King,1998。

焦点

报告组织架构的另一个关键是它的焦点。在研究的一开始,焦点在哪里还不清楚,但是随着分析和写作过程的推进,它应该会逐渐浮现出来。当你能写完"这项研究的目的是……"这句话时,你知道你有了一个焦点。你可能会发现,与同事或朋友讨论你的研究有助于你认识到焦点应该是什么,因为,为了向他们解释,你需要找出一个核心的想法来展开你的解释。

扎根理论指导下的作者已经将找到焦点作为他们方法的一个关键部分,尽管他们在如下问题上尚存分歧,即分析的焦点应该在多大程度上基于受访者自身关注的概念,或者说,焦点应该在多大程度上具有社会科学的理论和概念特征。其思想是,在编码和分析的某个时候,会有一个核心或中心类属出现,叙事和描述概念可以围绕这个类属展开。扎根理论的创始人之一格拉泽认为,核心类属可以被发现,并应该以收集到的资料为基础。它是一个有中心的、反复出现的概念实体,与其他类属有着实质性的、丰富的联系,并具有分析的力量。它说明了在所研究的情况下,行为模式的大部分变化,"对参与者来说是相关的,也是有问题的"(Glaser,1978,p.93)。那些更具建构主义倾向的人,如卡麦兹(Charmaz,1990),更倾向于将分析视为一种显现出来的事物。对卡麦兹来说,核心类属是研究者对资料的加工。这不是一个有待发现的东西,而是一个诠释过程的结果。这使得识别变得更加困难,并且在候选的核心类属变得明确之前,可能需要一些时间和相当复杂的编码工作。

不管你持什么观点,重要的一点是这个中心思想或类属有解释力。你所识别的许多——如果不是全部——其他主题思想,都可以和它相关联或者由它来解释。因此,相关行为、行动、语言和经验的许多变化都可以通过参考它来解释,它甚至应该能够解释矛盾或替代情况(尽管可能需要同时参考其他因素)。

改写

贝克尔(Becker)指出,许多大学生在写作中的一个坏习惯是认为初稿就是最终稿。在他的一本关于社会科学写作的书(Becker,2007)中,他证明了改写、编辑和删减对于写作一份像样的最终报告是多么必要。改写的目的是重新表达,使语句更清晰,阅读效果更好,语句更流畅。其中最重要的一个方面是切掉多余的材料,寻找不必要重复的语句并删除它们。专栏3.3列出了改写的一些准则。

专栏 3.3　修订初稿的指南

1. 阅读整个文本并问问你自己:
- 我想说什么?
- 文本给谁看?
- 哪些更改会使文本更清晰易懂?

2. 你可能需要考虑全局或做重大更改(例如重写部分)的是:
- 重新排列文本的部分内容;
- 重写章节;
- 添加例子或删除重复的例子;
- 更换更贴切的例子;
- 删除看似混乱的部分。

（续表）

3. 你可能会考虑的细微调整：

● 更简单的措辞；

● 更简洁的句子；

● 更简短的段落；

● 主动句而非被动句；

● 肯定句而非否定句；

● 按顺序安排序列；

● 在编号的序列间留出间距,或者将它们在页面上依次列出（如此处）。

4. 通读修订后的文本,看看是否要进行进一步的全局更改。

5. 最后,在你做完修改一段时间后（比如 24 小时）,重复整个过程,且不要回看原始版本。

（摘自 Hartley，1989，p.90）

所有作者,不管多有经验,都可以从别人的反馈中获益。你很难使自己旁观自己的文字,因为你太熟悉它们了。所以请你的朋友或同事,最好是对你的话题至少有一点了解的人,来阅读你的草稿。告诉他们你想要什么样的反馈,这将很有帮助。草稿太长了吗？可以删减些什么呢？这种风格适合预想的受众吗？你需要检查内容的准确性和细节（而不是风格）吗？如果你告诉他们你想要什么样的反馈,他们就不会花时间谈论细小的拼写错误,而你只想知道你可以删减哪些部分。在你有合适的初稿之前,不要征求读者的反馈,但同时,给他们呈现的初稿也不一定要做得很好。只要你能修改和改进文本,就没有问题。正如贝克尔指出的,"唯一重要的版本是最后一版"（Becker，2007，p.21）。

风格

一般来说,报告、论文等的写作风格是相当枯燥和技术性的。作者使用被动语态和过去时态来陈述基本的故事。受访者自己的话会被引用，但篇幅有限，且往往只是作为说明性的引文。这反映了社会科学家明显的科学主义和现实主义立场。研究可以揭示社会现实的真正本质，而写作可以用简单、直接和客观的方式来呈现这个现实。

然而，近年来，从人类学开始，人们意识到这种方法可能会有问题，并且这一认识迅速扩展到其他学科。这些问题集中在权威性、客观性和**反身性**（reflexivity）等议题。权威是一种隐含的主张，即研究人员可以对事物的真实情况给出超越参与者给出的说明，事实上，这些人甚至可能不理解或不接受研究人员给出的说明。分析的一个类似特征是它声称具有客观性，不受偏见或偏袒的影响。反身性是在知识建构中对研究者角色的认识和认可。这些问题的本质是认识到所有质性研究都涉及诠释，而研究者需要反思他们的方法、价值观、偏见和决策对他们所创造的关于社会世界的知识的影响（见第 7 章）。

这对于社会科学研究的开展方式，尤其是它的写作方式已经产生了广泛的影响。一个结果是社会科学写作预期标准的拓宽，在某些情况下，这引发了采用完全不同的报告形式，如对话和辩论的尝试，使人们越来越意识到质性分析报告可以有各种风格。这方面的一个例子，是在专栏 3.1 中总结的、由范玛宁提出的人群志研究发现的三种表现形式。

你可能希望尝试一下呈现结果的不同方式，但是要时刻小心：读者通常希望文本遵循某种体裁或风格，比如社区研究报告、人类学专著、评估报告、科学论文、大众杂志文章等。学术期刊以及本科生论文、博士论文的常见格式是：

导言—文献述评—研究设计/方法—研究结果/分析—讨论—结论。

在质性研究中，结果的呈现和讨论通常交错出现，但这种整体结构非常普遍。当你写下分析结果时，重要的是要意识到你所在领域的传统和写作风格，并清楚你的文本与其他文本的关系——即使你选择了拒绝主流形式。因此，你需要了解你的受众并把他们放在心上，他们会有一套对他们将要阅读的内容以及它的书写方式的期望。这些读者中最关键的是期刊文章的评审人和论文的评阅人。如果忽视他们的期望,你会给自己带来风险。

本章要点

● 重要的是,不要把所有的写作都留到分析的后期,这不仅是因为写作是对资料进行思考的一个重要部分。它有助于你澄清自己的想法,并能让你与他人分享以获得反馈。把你所有的直觉、想法、笔记、思考、行动等都记在研究日志里是个好主意。

● 实地笔记记录了你"在现场"时发生的事情。然而,它们从来不是简单的描述,它们不可避免地是诠释,经常包含研究者的经历、感受、偏见和印象。

● 备忘录是推进分析时写给自己的笔记。像实地笔记一样,它们既可以包含观察、方法、理论观点,也可以包含更多的个人思考。备忘录是记录和分享你的新想法的一种方式。

● 在某个阶段,你需要撰写研究报告,这可以包括你在日志、实地笔记和备忘录中记录的许多想法和例子。但是报告需要有焦点,需要一个核心思想或主题,这是解释报告中讨论的许多事件、情况、行动和其他现象的核心。

拓展阅读

有关记笔记和撰写报告的争论和建议可在以下著作中找到更详细的内容:

Becker, H.S.(2007) *Writing for Social Scientists : How to Start and Finish Your Thesis , Book or Article* , 2nd ed. Chicago and London：University of Chicago Press.

Coffey，A.（2018）*Doing Ethnography*（Book 3 of *The SAGE Qualitative Research Kit*，2nd ed.）. London：Sage.

Emerson，R. M.，Fretz，R. I. and Shaw，L. L.（2011）*Writing Ethnographic Fieldnotes*，2nd ed. Chicago，IL：University of Chicago Press.

Wolcott，H. F.（2009）*Writing up Qualitative Research*，3rd ed. Newbury Park，CA and London：Sage.

4 主题编码和类属化

主要内容

学习目标

阅读本章后，你应该能够：

● 了解编码在质性分析中的核心作用；

● 从对一个例子的仔细分析中，看出创建分析性代码和理论性代码，而不仅仅是描述性代码的重要性；

● 了解两种可以用来促进从描述向分析转变的技术——**连续比较**（constant comparison）和逐行**编码**（coding）。

代码和编码

编码是你如何定义你正在分析的资料。它涉及识别和记录一段或多段文本或其他资料，例如图片的某些部分。在某种意义上，这些部分体现了相同的理论或描述性想法。通常，几段文字会被识别出来，然后会被与这个想法的名称——代码联系起来。因此，所有关于同一件事或举例说明同一件事的文本等资料，会被给予相同的编码名称。编码是对文本进行索引或分类的一种方式，目的是建立一个主题思想框架。见专栏4.1对这些术语的讨论。以这种方式编码可以实现两种形式的分析。

专栏 4.1　代码、索引、类属或主题？

　　如果你之前没听说过代码的话，那么代码可能显得相当神秘。你可能会首先从密码和暗号的角度来考虑这个问题。对其他人来说，可能会想到计算机代码和编程。这里使用的代码既不神秘，也与编程无关。它们只是你组织文本和你的研究笔记的一种方式。

　　质性分析的研究者使用"索引""主题"和"类属"等各种术语来谈论代码和编码，每一个都反映了编码的一个重要方面。里奇（Ritchie）及其同事更喜欢"索引"这个术语，因为它捕捉了代码引用文本中关于同一主题的一段或多段的含义，就像书籍索引中的条目引用书中的段落一样（Ritchie et al., 2014）。在现象学分析中，所使用的术语不是"代码"，而是"主题"（King, 1998；Smith, 1995）。这再次抓住了将文本部分与揭示一个人对世界的体验的主题思想联系起来所涉及的一些感觉方式。戴伊（Dey, 1993）更倾向"类属"这个表述，这体现了编码的另一个方面。赋予段落的命名并不是任意的，而是对文本内容进行类属化（categorizing）的深思熟虑的过程。编码意味着一种认识，即文本中不仅有不同的事物的例子，而且这些事物有不同的类型（type）。

　　更难的是，定量研究者在给调查问题答案分配数值或对开放式问题的答案进行分类时，也使用了"编码"这个术语。后者有点像质性编码，但通常是为了统计被归类的回答，这不是质性研究者的主要动机。

从质性分析中得到的结构化代码列表及其应用规则（定义），有时被称为"编码框架"（coding frame）。同样，这也令人困惑，因为定量研究者用它来指代列表，列表告诉他们在调查中应该给不同的答案分配什么数值，这样它们就可以被计数。因此，我避开了这个术语。其他人使用"主题框架"（Ritchie et al.，2014）或"模板"（King and Brooks，2017）。在这里，我称它为"代码列表"，或者**"代码簿"**（codebook），这是许多其他研究者也使用的术语。"簿"暗示了比一份清单更重要的东西，事实上，你不应该仅仅保留一份清单。代码簿应该与任何编码过的转录稿分开，它不仅应该包括你的代码的当前完整列表——如果可以的话，把代码按层级排列——还应该包括每个代码的定义，以及你写的关于编码方案的任何备忘录或分析性注释。

1. 你可以检索到所有用相同标签编码的文本，以组合相同现象、想法、解释或活动的集合。这种形式的检索是管理或组织资料的一种非常有用的方式，并且使研究者能够以结构化的方式检查资料。

2. 你可以使用代码列表，特别是当发展成层次结构时，可以检查更多种类的分析性问题，例如代码（和它们编码的文本）之间的关系以及逐个案（case-by-case）比较。这将在第 6 章中讨论。

使用转录稿编码最容易。你可以直接从音频或视频记录或粗略的实地笔记中进行编码，但这种编码不容易进行，也不容易在需要时检索到已编码的记录或笔记。①事实上，很多时候，编码最好用电子文本在专门的分析软件上完成。我将在第 8 章中研究这一点，但在这里，我将解释如何用纸质转录稿或文字处理软件来完成编码。我自己实际上同时使用了基于纸张和基于 CAQDAS 的方法。我发现在分析的早期阶段，纸质材料给了我很重要的创造力、灵活性和易获得性。然后，我将

---

① 例外情况是当你使用 CAQDAS 和数字视频或音频时，软件使得检索你编码的视频或音频片段变得更加容易。

编码思想应用到项目的电子材料中，以便继续分析。不要担心仅用纸或软件记录，又或是两者兼而有之，只要你做好了一定的准备（比如在制作打印版副本之前，将你的资料导入软件），你就可以在任何时候，从纸面转移到软件中。当然，你并不一定要使用软件，因为在 20 世纪的大部分时间里，那些从事质性分析的人没有或不会使用软件，大多数使用质性研究方法的经典研究都是没有电子援助的。

代码定义

代码形成了思考文本和诠释的焦点。已编码的文本只是其中的一个方面。因此，每当你发展出一个代码，尽早写下相关笔记是很重要的。在前一章中，我介绍了写备忘录的想法，这是记录你分析性想法发展过程的重要方式。这种备忘录的一个关键功能是记录代码的性质和背后的思想，并解释代码应该如何应用，或者应该将什么样的文本、图像链接到代码等。保持这样的记录很重要，原因有二。

1. 它将帮助你以首尾一致的方式应用代码。不需要重新阅读所有已经编码在其下的文本，你就能决定新的文本是否也可以应用这个代码。

2. 如果你在一个团队中工作，它会让你和其他人分享你的代码以供他们使用，如果他们先这样做了，那就使用他们的代码。很有可能的情况是，团队中不止一个成员在编码，那么不止一个人会提出类似的编码想法。关于这些代码的备忘录可以让你知道这些代码实际上是否相同。

将你的代码备忘录保存在一个或多个文字处理软件中（这样你就可以轻松地编辑或打印出来），或者使用大型文件卡片记录细节。通常，你需要记录：

● 你在标记和编码转录稿时使用的代码的标签或名称。

● 是谁编码的——研究者的名字。如果你独自工作，这步可以省略。

● 编码完成或更改的日期。

● 代码的定义。它所指向的分析性想法的描述和确保编码可靠的方法，比如以系统的和一致的方式进行编码。

● 你对代码的任何其他想法。例如，你对它与其他代码的关系的想法，或者你的某种感觉，认为这里编码的文本实际上可以被拆分到两个不同的代码下。（更多想法见专栏 3.2。）

编码的机制

那些刚开始编码的人通常会发现，最具挑战性的事情之一是识别文本块，并以理论性和分析性的方式，而不仅仅是描述性的方式，找出它们所体现的代码。这包括仔细阅读文本，并判定它的内容性质。在视觉艺术中，"密集观看"（intensive seeing）一词被用来指我们可以全身心地去看所有我们可以看到的事物，即便它们是平凡的和普通的。同样，当编码时，你需要进行"精读"（intensive reading）。卡麦兹建议你在进行精读时问一些基本问题，这些问题有助于你开始这项工作：

● 发生了什么事？

● 人们在做什么？

● 那个人在说什么？

● 这些行动和表述认为什么是理所当然的？

● 结构和背景是如何支持、维持、阻碍或改变这些行动和表述的？

（Charmaz，2003，pp.94—95）

一个例子

为了说明工作的这个初始阶段，请阅读以下示例。这是一项针对失智症患者的护理者的研究，访谈对象是巴里（Barry），他在照顾他患有阿尔茨海默病的妻子。访谈者刚刚问巴里："你们有没有被迫放弃你们喜欢做的、对你们来说很重要的事情?"他的回答如下。

1 巴里

2 呃,我们唯一真正放弃的事情就是——呃,以前我们常常

3 去跳舞。呃,现在她不能再跳了,所以我不得不自己去,

4 这是唯一一件事。然后,我们以前常常打室内保龄球,

5 就在体育中心。当然,这件事也彻底放弃了。所以

6 我们不再去那里了。但我设法带她去工作俱乐部,偶尔在

7 星期六带她去,就在马路尽头,那儿有人跳舞。她会坐着

8 听音乐,大概逗留几个小时之后,她觉得

9 满足了。然后,如果遇上周末天好,我会带她出去

10 开着车游玩。

描述

在某种程度上,这是一个非常简单的回答。在第 2—6 行中,巴里举了两个他和贝丽尔(Beryl)曾经喜欢一起做的事情的例子,即跳舞和室内保龄球。然后,在没有提示的情况下,他列出了两个他们仍然在一起做的事情,即去工作俱乐部看别人跳舞和出去兜风。所以第一个想法是将第 2—4 行编码为"跳舞",第 4—6 行编码为"室内保龄球",第6—9 行编码为"工作俱乐部的舞蹈",第 9—10 行编码为"一起开车兜风"。如果你正在研究大量关于护理者的访谈,并且你想查看那些实际放弃了的和仍在一起做的活动,进而与其他夫妇的案例进行比较,那么这种编码可能会很有用。然后,通过检索所有以此代码进行编码的文本,你就可以罗列并对比人们说了什么。

类属化

然而,这种编码仅仅是描述性的,通常有更好的方法来将提到的事情归类,巴里的文本中还指出了其他一些事情。在分析中,你需要从描述——特别是受访者所使用的说法——转换到更明确的、分析性的和

理论性的编码。例如,你可以把关于跳舞和室内保龄球的文本编码为
"停止了的共同活动",而把关于工作俱乐部舞蹈和开车兜风的文本编
码为"还在继续的共同活动"。假设你在其他访谈中也做过同样的事
情,那么你现在可以检索所有关于夫妻放弃了的事的文本,看看它们是
否有共同点。通过这样做,你已经开始对文本进行类属化了。

分析性代码

思考这一点意味着另一种对文本进行编码的方式。跳舞和保龄球
都是体育活动,涉及一定程度的熟练动作。很明显,贝丽尔已经失去了
这项能力,所以我们可以将第2—6行编码为"身体协调性变差"。这个
代码现在比我们刚开始的代码稍微更具分析性,因为后者只是复述了
巴里的描述。巴里没有谈论身体协调性变差,但他的话中隐含着这一
点。当然,你需要小心,因为这是一种诠释,并且此处所依据的证据极
少。你需要在巴里对同一件事的回答中寻找其他例子,或许在他所说
的关于贝丽尔的身体情况的文本里寻找其他证据。

关于这篇文本,另一件值得注意的事情是巴里使用"我们"来描述
他们曾经一起做的事情,而当他转向他们现在做的事情时,称呼变成了
"我"。这意味着另一对分析性代码:一个是关于有夫妻感的共同活动,
另一个是关于护理者单方面为他的伴侣所做的活动。你可以将这些编
码为"亲密"和"照料"。请注意,这些代码并非简单地对发生的事情进
行编码,而是暗示了巴里思考或概念化这些事情的方式。

你可能注意到了关于这段文字的其他信息,它们也是可能的编码
方法,比如巴里在第2行和第3行中对"呃"的口语用法。他说了三遍。
这是否表示一种无奈、失落或后悔的感觉? 同样,从这么短的一段话来
看,这并不清楚。但是你可以暂时将它编码为"无奈",稍后再看它是否
与巴里的文本中你编码为"无奈"的其他地方一致。有趣的是,巴里说
他仍然去跳舞,只不过孤身一人。在这里,"呃"有着不同诠释,并且,巴
里提到的第一件事就是,跳舞是他和贝丽尔作为一对夫妻一起做的一
件很重要的事情。因此,你可能会认为这是这对夫妻的一种核心活动,

是他们夫妻生活的中心。同样，核查一下其他护理者，看看是否有类似的典型活动，看看这是否能显示护理者之间的某些差异，这会非常有用。或许受阿尔茨海默病影响较小的护理者的典型活动不同于那些受影响较大的护理者。

总之，下面是可能用来对巴里的那段文本进行编码的代码。

● 描述性代码："跳舞""室内保龄球""工作俱乐部的舞蹈""一起开车兜风"。

● 类属："停止了的共同活动""还在继续的共同活动"。

● 分析性代码："身体协调性变差""亲密""照料""无奈""核心活动"。

当然，你不太可能用所有这些代码来对一小段话进行编码，我在这里用它们来说明你编码的方式要从贴近受访者的表述的**描述性编码**（descriptive coding），到类属化，再到更具分析性和理论性的编码。另外请注意，我在这篇短文中的代码都只使用了一次。通常，你会浏览文本的其余部分，看看是否有更多的段落可以被编码成相同的代码，并对其他参与者做同样处理。

如何发展这些主题代码、聚焦其中的哪些代码，取决于研究的目的。在许多情况下，研究是由资助方以及你与资助方达成的协议驱动的，例如，如果对阿尔茨海默病患者的研究是由为提供服务的护理机构资助的，那么你可能会关注"照料"和"共同活动"这两个主题。另一方面，如果你正在攻读关于夫妻社会心理学的博士学位，你可能会专注于"核心活动"和"亲密"。

标记编码

当使用纸质文本编码时，编码是通过在页边距中记下代码名称或者用颜色标记文本（或者在页面边缘涂色，或者使用荧光笔）来完成的。图 4.1 显示了在转录稿上呈现这种编码的一些方式，这是一些用箭头连接名称的方框、阴影（例如用荧光笔）和连接起来的代码名称。在右边空白处用**编码括号**（coding brackets）来表示被编码的行。我已经圈出或重点标记了一些关键词或表述，如情感词、不寻常的词、隐喻和用来强调的词。

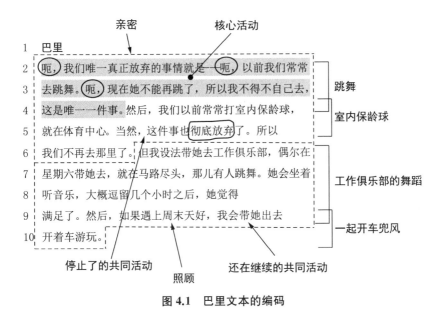

图 4.1 巴里文本的编码

资料驱动还是概念驱动？

代码簿中所构建的代码是一个分析过程，这也是概念模式的建立。虽然在之前讨论的例子中，代码来自资料且基于资料，但是也可以在一开始不参考所收集资料的情况下构建代码簿。

概念驱动的编码

代码所代表的类属或概念可能来自研究文献、以前的研究、访谈时间表中的主题、你对于当前事件的直觉等。在一种被称为"预定编码"（a priori coding）的方法中，是有可能在代码簿中构造一组代码，而不

首先使用它们来编码资料的。斯潘塞等人（Spencer et al.，2014）采纳
了这种观点。在框架分析（framework analysis）中，在将代码应用于文
本之前，研究者最好建立一个关键主题想法的列表。这些可以从文献
和以前的研究中获得，但是也可以通过阅读哪怕一部分的转录稿和其
他文件——例如实地笔记、焦点小组和印刷文件——来产生。金和布
鲁克斯（King and Brooks，2017）也持类似观点，他们建议在检查前几
个案例的同时，使用类似的文本来构建代码模板，即潜在代码的分层级
排列。在金和布鲁克斯的模板分析（template analysis）和框架分析中，
编码包括对文本块的识别，这些文本块作为例子体现了这个初始列表
中的代码。然而，所有这些作者们都认识到了，研究者需要在分析过程
中修改代码列表，因为新思路和新的类属化的方法会在文本中被发现。

资料驱动的编码

　　除了从给定的代码列表开始分析以外，还有就是在没有代码的情
况下开始分析。这种方法通常被称为**开放编码**（open coding）（见本章
后续讨论），也许是因为人们试图以开放的心态来做这件事。当然，没
有人是在完全没有想法的情况下开始的。研究者既是社会世界的观察
者，也是世界的一部分。我们都知道可能会发生什么，并且作为社会科
学家，我们知道的可能会比大多数人更多，因为我们已经了解了理论思
想和经验研究。然而，我们还是尽力不先入为主。可以从阅读文本开
始，试着梳理出正在发生的事情。扎根理论的倡导者们通常采用这种
方法（Charmaz，2014；Glaser，1992；Glaser and Strauss，1967；
Strauss，1987；Corbin and Strauss，2015；Flick，2018d），许多现象学
家也在"放入括号"（bracketing）的概念——抛开对现象的预设、偏见和
初步想法——中使用这个方法（Giorgi and Giorgi，2003；Maso，2001；
Moustakas，1994）。但他们也承认，完全的"白板一块"是不现实的。
问题是，人们应该尽可能地从资料中提取正在发生的事情，而不是强加
基于已有理论的诠释。

　　这两种生成代码的方法并不相互排斥，很多研究者在分析过程中

在两个方法之间来回跳跃。预先创建代码，或者单独基于资料核查而创建代码，其可行性在一定程度上反映了研究者的倾向、知识和理论水平。如果你的项目是在一个清晰的理论框架中定义的，那么你可能会对所需的潜在代码有一些好的想法。这并不是说它们会在整个项目中保持不变，但至少它给了你一个起点，让你知道在阅读文本时想要寻找的现象。这里的诀窍是不要太依赖你所构建的初始代码。

编码的对象

我上面讨论过的编码例子非常简短，且只聚焦了一个案例——照顾失智症患者的护理者。那么，其他话题的访谈、笔记和录音又如何呢？还有什么别的东西可以编码？这些问题的答案在某种程度上取决于你打算做什么样的分析。一些学科和理论方法，如现象学、话语分析或会话分析，将要求你特别注意文本中的某些现象。

幸运的是，对于非常广泛的质性分析类型，包括许多政策、应用研究和评估工作，以及**诠释**（interpretive）或阐释方法，研究者倾向于在文本中寻找现象的共同点。表 4.1 列出了一些典型的例子。不同的作者有不同的侧重点，但是表格中的许多想法对任何文本分析都是有用的。

表 4.1　什么可被编码？（举例）

1. 具体的心动、行为——人们所做和所说的。
回避这个问题。寻求朋友的意见。
2. 事件——这些通常是短暂的、一次性的事件或某人经历的事情。受访者常以故事的形式阐述。
在面试中被拒绝。搬进无家可归者收容所。发现丈夫有外遇。加入一个运动俱乐部。
3. 活动——这些活动比行动持续时间更长，经常发生在特定的环境中，可能有几个人参与。
去跳舞。参加培训课程。帮助患有失智症的伴侣洗澡和穿衣。在酒吧工作。

（续表）

4. 策略、实践或战术——旨在实现某个目标的活动。

用口口相传的方式找到工作。因为经济原因离婚。为了找个地方住，开始一段亲密关系。

5. 状态——人们经历的或在组织中发现的一般情况。

辞职，例如"在我这个年龄，很难找到工作"。加班加点完成工作。

6. 意义——许多质性分析的核心是各种各样的现象。意义和诠释是指导参与者行动的重要部分。

（1）参与者用什么概念来理解他们的世界？是什么规范、价值观、规则、道德引导了他们的行动？

攀岩者使用的"无准备攀岩"概念，描述了在没有检查、人工辅助、预先放置的保护或提前练习的情况下进行攀岩，暗示这是一种更好的攀岩方式。

（2）这对参与者有什么意义或意味，他们如何理解事件，他们的感受是什么？

责备，例如"他的信让我觉得我应该受到责备"。

（3）人们用什么符号来理解自己的处境？他们用什么名字来称呼对象、事件、人物、角色、设置和设备？

送货车被称为"老爷车"（亲切地或轻蔑地）。教学被称为"粉笔工作"（指教师使用黑板），这就像在采煤工作面干活，而不是在学校里干活。

7. 参与——人们对环境的融入或适应。

适应新的工作，例如"我发现我现在必须小心说话，因为在事情结束之前我就已经知道了结果"。

8. 关系或互动——发生在人与人之间，需要同时考虑。

享受家庭生活，例如"……他们一个 26 岁，一个 21 岁，那个年龄的大多数男孩都结婚了，但是我的孩子们没结婚，他们喜欢回家，留朋友过夜。我喜欢这样"。

9. 条件或约束——事件或行动的前兆或起因，限制行为或行动的事物。
公司的市场损失（裁员前）。离婚（经济困难前）。

10. 后果——如果……会发生什么。

因为有经验而得到了工作，例如"所以你发现，那些没有资格但有几个月经验的人正在步入工作岗位"。

11. 情境——正在研究的事件的整个背景。

无家可归者收容所。培训学院。日托中心。

12. 反思——研究者在这个过程中的角色，干预是如何产生资料的。

表达同情，例如"在这种情况下，你一定很难受"。

资料来源：改编自 Strauss, 1987；Bogdan and Biklen, 1992；Mason, 1996。

请注意,此表中的许多示例都是描述性的。我给出这些是因为用具体的例子更容易说明这种现象。然而,正如我上面所建议的,有必要从描述性编码(特别是对参与者表述的简单重复)转移到更一般和更具分析性的类属。例如,与其采取"加入运动俱乐部"的编码方式,不如将这段文字编码为"交友活动"或"保持健康的承诺",甚至"作为一个健康的人的身份",这说明了这个活动更普遍的意义。

还要注意的是,这些例子中的许多都是以英语动名词结尾的单词,表示有人正在做某事。强调在编码中寻找和使用动名词,是由诸如卡麦兹(Charmaz, 2014)这样的扎根理论家提倡的。寻找和使用动名词是帮助我们从简单的描述性代码(通常用名词来命名事物),转向关注人们的行动、活动、策略和行为的另一种方式。

根据代码检索文本

到目前为止,我主要讨论了编码作为分析文本内容的一种方式。然而,编码还有另一个重要目的,即有条理地检索与文本主题相关的部分。检索只是指汇集并检查以相同方式编码的所有资料。这样做有几个原因。

● 你可以快速汇集所有以相同方式编码的文本,并从头到尾阅读,看看代码的核心是什么。

● 你可以检查在一个案例中,一个编码了的主题思想是如何变化,或者受到的其他因素的影响的。

● 你可以探索代码所代表的类属或主题思想如何因个案、因情境或因事件而异。

这种检索活动将有助于推进你的分析并发展你的分析性和理论性取向。例如,通过阅读你在几个案例中用描述性代码编码的文本内容,你可能会发现一些更深层次、更具分析性的联系。然后,你可以重命名代码并重写其定义来表明这个想法，或者创建一个新的代码并用它编码相关的文本。

实用检索

为了检索文本并完成这项工作，你需要对被编码的转录稿采取一些实际措施。对于所有这些类型的检索，使用 CAQDAS 都是最方便的。我将在第 8 章中探讨如何操作。如果你用手写的方式完成编码，你需要做两件事。

1. 将所有用相同代码编码的文本集中在一个地方。你应该制作许多编码了的转录稿的复印件，这样你就可以把这些纸页剪下来，把代码相同的摘录储存在单独的皮夹、信封或文件中。如果你使用文字处理软件，这可以通过将文本复制并粘贴到每个代码的单独文件中来实现。

2. 对每份摘录（纸条或电子剪切粘贴的文本）做标记或贴标签，以便你可以知道它来自哪份文件。（如果你使用行号，它们会告诉它们在你的文件中的位置。但是请注意，如果你在文字处理软件中剪切和粘贴，行编号将不会保留在副本中。在这种情况下，最好是在来源标记中也标上原始行号。）如果你只有几份文件，那么在每份摘录的顶部用几个缩写来识别文件就可以了。但是如果你有大量的文件或者受访者，那么做一个编号系统将会有所帮助。一个由一串字母或数字组成的标签不仅表明了受访者的身份，还表明了一些基本的传记信息（如年龄组、性别和身份），这将有助于识别原文的出处。你可以用类似"BBm68R"这样的词来表示对 68 岁退休男性巴里·本特洛（Barry Bentlow）的采访。把这个标签放在每个摘录或纸条的顶部。

这种经由一个代码所编码的文本检索应该与关于该代码的备忘录一起保存，这样你可以确保代码的定义在所有检索到的摘录中仍然是合理的。如果不合理，你可能需要重新编码一些文本或更改代码定义。

你也可以检查记录在备忘录中的分析思路是否阐明了你检索到的文本,并且在检查了检索到的文本后,你可能会在备忘录中撰写更多思路。

使用检索到的文本来推进分析

你不需要等到编码完所有资料后再尝试检索。

1. 检查编码内容是否与代码名称和描述一致。如果事实并非如此,这可能表明你实际上已经有两种(或更多)不同的现象被编码到了同一个代码中。这有些时候是因为当你对文本进行编码时,你使用的代码偏离了最初的想法。在这种情况下,应该考虑将检索到的文本拆分并重新编码为两个(或更多)不同的代码。

2. 在检索到的文本中寻找某种模式。文本内容可能是相同的,但是包含了受访者对它的不同看法或他们采取的不同行动和策略的例子。例如,在一项市场调查中,你可能掌握了关于人们决定购买哪辆新车的编码文本。但是你会发现人们以各种不同的方式来做这件事,有些人参观汽车销售室和试驾汽车,有些人接受朋友的建议或在网上寻找评论,其他人购买杂志并听取消费者的建议。如果你用纸质文本做分析(或者使用文字处理软件),那么可以将文本重新编码成一系列展示人们采取的不同策略的新代码。如果你正在使用 CAQDAS 软件,那么保留原来的编码,但是创建新的编码并应用到文本中,以捕捉你已经发现的新的事物和策略等。你可以在 CAQDAS 程序的搜索或查询工具中使用这些新代码和原始代码来检查发现的内容。

3. 当你发现这些不同的策略、事物等时,在编码文本的过程中,你可能也开始注意到这些差异与受访者的其他事实之间的关系:他们的工作、他们的性别、他们的年龄、他们在访谈或观察中的其他时间所做或所谈论的其他事情等。正如我在上面解释的,这就是为什么记录检索到的资料来自哪些案例是如此重要。如果你怀疑存在这种关系,那就写一份备忘录(在你忘记之前)。我将在第 6 章中讨论使用表格开发和检查这些想法的方法。

4. 你也可能会发现，对一个受访者（或一个环境、一个组织等，具体取决于你组织案例的方式）的资料进行编码的内容有所不同。随着人们年龄的增长或经验的增加，回答可能会随着时间的推移而变化。或者它可能是上述第 2 条的原因，即受访者的回答取决于他们所处的环境和情境。例如，如果你的研究是调查人们如何保持健康，你可能会发现他们在生活中改变了的那些活动和运动，因为他们的朋友发生了变化，家庭责任也发生了变化。

5. 寻找一般化的，寻找不寻常的。你可能会发现，许多受访者对于你检索到的编码文本的主题说了非常相似的话。虽然质性研究者在对他们的资料做出数字判断时需要非常谨慎（尤其是因为他们使用的样本很少具有统计代表性），但是如果你发现了共同的现象，甚至大多数受访者都在做同样的事情，那么这是很重要的，并且可能反映了这种活动在更大范围内是常见的这一事实。对这种常见行为的发现、描述和解释将是你研究结果的关键部分。另一方面，你也应该寻找不寻常的，甚至是独特的案例，这些异常值或不寻常的现象也需要解释。是什么让这些人做了一些不同的事情？仔细研究这些罕见的案例，你可能会发现案主为什么会与大多数其他人做出不一致的事情。更重要的是，它也可能暗示了对大多数人的行为的解释，因为它具有大多数其他案例所不具有的，或不具有它们所具有的，并使这种不同凸显了出来。

扎根理论

编码最常用的方法之一是扎根理论（另见 Flick，2018d），这种方法已经广泛应用于各种社会科学领域的学科之中，并且是许多 CAQDAS 程序背后的逻辑。它的中心点是从资料中归纳出新的理论观点或假设,而不是验证预先确定的理论。只要这些新理论从资料中"产生",并得到资料的支持,它们就被称为"扎根于资料的"。在这种分析方法中,只有到了后期阶段,这些新观点才需要与现有理论相连。科尔宾和斯特劳斯(Corbin and Strauss,2015)在他们通俗易懂的扎根理论解释中,提出了许多实现扎根分析的具体想法和技术,包括以下内容。

开放编码

这是一种通过比较和提问来检查文本的编码方法。科尔宾和斯特劳斯还建议避免使用仅仅是文字描述的标签。你需要尝试制定理论性或分析性代码。实际文本总是一个更一般化的现象的例子,代码名称应该表明这个更一般化的想法,这是编码的难点。当你逐字读文本时,你应该不断地问问题:谁? 什么时候? 哪里? 什么? 怎么做? 多少? 为什么? ……这是为了提醒你注意文本背后的理论问题,并让你对文本中更深层次的理论是敏感的。

连续比较

还有几个对比可以用来帮助理解表面文本背后的内容,这些对比或比较背后的想法是试图展示文本及其内容的独特之处。很多时候,我们对事物如此熟悉,以至于我们没有注意到什么是重要的。在编写代码的过程中,请始终考虑比较,这是所谓的连续比较(constant comparsion)的一个方面(Glaser and Strauss,1967)。以下是科尔宾和斯特劳斯(Corbin and Strauss,2015)提出的一些技术样例。

对单词、短语或句子的分析——挑出一个看起来有意义的单词或短语,然后列其所有可能的含义。检查文本以找出适用于此处的含义。你可能会发现新的含义,而这些含义在之前并不明显。

翻转技术(flip-flop technique)——比较某个维度上的极端情况。

例如，如果有人提到他们的年龄是找工作时面临的一个问题，试着将这个问题与刚刚进入就业市场的年轻人、工作生涯即将结束的人的情况进行对比。你可能会发现你以前没有想到的维度或问题，比如年龄和技能的相互作用。老年人可能缺乏新技能，但年轻人缺乏一般工作经验技能。

系统比较——问一系列"如果"，来探索两个问题：它们有什么不同？人们有什么不同的反应？这些都是为了激励你去认识已经存在的东西。例如，你可以：

● 询问如果环境、事件顺序、人物特征、地点、情境等不同，会怎样？

● 询问事件等分析对象是如何与其他事件等分析对象相似和不同的。

● 取一个关键元素进行自由联想，或以不同的顺序阅读文本，来激发对文本的想法。

远远比较（far out comparisons）——从你正在研究的概念中选取一个，在保留该概念的某些特征的情况下，想想与它最不同或距离最远的其他现象的例子，思考这些现象与这个概念有哪些共同的特征。然后仔细研究这两种现象的所有其他元素，看看它们是否为初始概念提供了新的启发。例如，你可以将无家可归的人与被截肢的人进行比较，因为两者都遭受损失。那些没有四肢的人会蒙受羞辱，无家可归的人也是如此吗？那些蒙受羞辱的人的应对方式包括避开公共场所（躲起来），或是把歧视当作别人的问题来安抚自己，无家可归者也会这样吗？或者，你可以将那些谈论自己厄运的无家可归者与谈论手气不好的赌徒进行比较。赌徒高估了他们对事件的控制程度，无家可归者也是这样吗？在这些情况下，比较的重点是生成更多的代码，这些代码补充了初始想法的维度、属性和方面。

插旗子——对诸如"从不""永远""不可能是那样"之类的词和短语保持敏感。它们是提醒你仔细查看的信号。它们很少是字面意思，通常意味着事情不应该这样发生。你需要找出如果这种情况真的发生了，那么会发生什么。

所有这些都是鼓励对文本内容进行更有创意和更深入思考的好方法，但是除了这些富有想象力的比较之外，进行其他类型的比较也很重要，例如，你应该将刚刚编码的内容与之前编码的或以类似方式编码的其他文本进行比较。

逐行编码

许多扎根理论家推荐的第一步方法是逐行编码，这意味着浏览你的转录稿，给每一行文本命名或编码，即使这些行可能不是完整的句子。目的是强迫你进行分析性思考，同时让你始终接近资料。编码和任何质性分析的危险之一，是将你自己的动机、价值观和成见引入你所构建的编码和分析方案。如果不小心，你的分析可能更多是在反映你自己的成见和偏见，而非受访者的观点。逐行编码的一个优点是，它迫使你密切关注受访者实际上在说什么，并构建代码来反映他们对世界的体验，而不是你的体验，也不是你可能拥有的任何理论假设中的体验。另一方面，逐行编码并不意味着你应该简单地接受你的受访者的世界观。正如我在上面所建议的，在你的编码中尝试更加分析性和理论化，即使这意味着你的诠释有时与你的参与者的诠释不同。编码应该基于转录文本中的资料，但这并不意味着它仅仅反映了受访者对事物的看法。逐行查看资料应该会阻止你"土著化"（going native），也就是接受你的受访者对世界的看法。你需要反映他们的世界观，而不是接受它。

为了说明逐行编码，请参考图 4.2 中的简短摘录。它截取自对一个无家可归的人萨姆（Sam）的一次长时间的访谈。（注：在第 105 行，我在括号中插入了"期"字。这不是萨姆说的话，但它清楚地表明了他所说的"长期关系"是什么意思）。该示例显示了一些初始的逐行编码，其中一些代码仍然是描述性的，但是它们反映了萨姆所说的行为以及他看待世界的一些方式，这些代码推动了研究者对剩余的转录稿进行检查以供比较。逐行编码只是开始的一种方式，下一步是发展和完善这种编码。

89 **访谈人员**

90 你在收容所住了很多年吗？

91 **萨姆**

92 不，呃，但我总是居无定所……辍学之后就这样了。我	漂泊的生活方式
93 始终有伴侣，呃，我始终算是有伴侣。我们是	伴侣/关系
94 长期关系，所以我从来没有那种独自一人的时候	长期关系
95 所以这不算太坏。年复一年，我都和别人一起住。	伴侣尚可，共同居住
96 但如果我有家庭矛盾，或者类似的事情，你知道，我	家庭矛盾
97 15 岁的时候离开家，之后我再也没有回去和	选择独立
98 我爸爸、妈妈一起住过。我是那种不喜欢去朋友那里	描述自己为"独立"
99 借他们的沙发睡觉的人，我也不指望其他人。所以	不依赖他人
100 真的，是的，如果我遇上家庭矛盾之类的，我就出门，睡	家庭矛盾
101 车里——有时候一连睡上几天。但这确实是我第一次	睡在车里
102 真的离开所有人，并且完全自己生活。	视收容所为独自生活
103 我无家可归，但我从来没有自己生活过。我只是，	从未独立生活
104 像那种人，就是不喜欢全部依靠其他人的	认为自己不依赖他人
105 人。我的问题是我的长（期）关系。当我有	关系是问题
106 伴侣时，我很容易交朋友。我有很多朋友，但	易于交朋友
107 他们都是那个环境下的朋友，到了新的地方，并且	朋友限于某个地区
109 后来发生的事情是，我和她分手了。我头都裂了，我	分手，精神痛苦
110 也不能看到，比如其他人和伴侣在一起。所以	嫉妒
111 我离开了那个区，去了别的地方，于是就	离开原区域，回避
112 重新开始了，就是这样。	重新开始

图 4.2　逐行编码的访谈摘录

可以按以下方式对代码进行分组：

关系-结束	关系-类型	友谊
家庭矛盾	伴侣/关系	易于交朋友
关系是问题	长期关系	朋友限于某个地区
睡在车里	伴侣尚可	
分手		
精神痛苦	**住所**	**自我认知**
嫉妒	共同居住	选择独立
离开原区域	漂泊的生活方式	描述自己为"独立"
回避	视收容所为独自生活	不依赖他人
重新开始	从未独立生活	认为自己不依赖他人

　　我省略了一些重复的代码,并使一两个代码变得更明确,所有这些分组所做的就是将相似的代码聚集在一起。看看这个分组和原始转录稿,你可能会开始完善代码。例如,有很多关于"关系结束"的代码。对于萨姆来说,在他所谓的"家庭矛盾"之后结束关系,显然与他搬家和无家可归密切相关,这里的"家庭矛盾"就是格拉泽和斯特劳斯(Glaser and Strauss,1967)所指的原生编码(in vivo code)。这些是参与者自己用来组织和概念化他们的世界的概念。然而,请注意,这些都是概念,不仅仅是受访者的话。就萨姆而言,"家庭矛盾"显然是指他与当时的伴侣之间的某种争论或纠纷。他对这个表述本身的使用就令人费解。这让人联想到治理和法律术语,如"家庭暴力"和"家庭纠纷"。考虑到萨姆后来在采访中告诉我们他去过监狱,我们可能会怀疑这些关系破裂是否涉及警察和法律。此外,这种关系破裂还包含一些强烈的情绪,比如嫉妒,以至于他觉得不得不搬出这个地区。请注意,在第109行,他使用了"我头都裂了"的比喻。在随后的采访中,他再次解释了他是如何在精神病院待了一段时间的,所以他感知到了很强烈的痛苦。这套编码显示,萨姆对世界看法的另一个重要方面是他的自我认知。通过不断重复同一个观点,他显然在努力将自己描绘成一个独立的人,一个既不依赖他人,也不利用朋友的人。是否真的如此,是另一回事,但是他是以这样的方式看自己的,并认为访谈人员也应该这么看。

　　逐行编码的下一步是完善实际代码,并将它们按层级重新排列。这种完善有两个目的:首先,你需要重新审视文本,看看是否用另一种方式编码会更好,例如,使用不同的代码来编码较长的段落,以及在同一转录稿的其他地方或其他转录稿中,是否有需要使用新代码来编码的例子。正如我在图4.1的例子中所讨论的,它也提供了一个机会,使最初的描述性代码更具分析性。我将在第6章中讨论如何将代码按层级重新排列。

编码类型和方法

在本章开头,我介绍了三种级别或类型的编码:描述性编码、类属和分析性编码。其他几位研究者也有类似的划分,例如,在对扎根理论的通俗易懂的解释中,斯特劳斯和科尔宾(Strauss and Corbin,1990)将编码分为三个阶段:

1. 开放式编码,通过反身性地阅读文本来识别相关类属。

2. **轴向编码**(axial coding),类属被细化、发展和关联或者相互连接。

3. **选择性编码**(selective coding),即将"核心类属",或者理论中所有其他类属联系在一起的中心类属识别并与其他类属相连。

在大多数情况下,这样做是为了说明进展,因为分析更具分析性、理论性或概念性了,这也意味着关注处于所分析现象核心的思想建议将重点放在处于被分析对象核心的某些思想上,这些思想对解释资料中的情况也起着重要作用。

最长的编码类型或方法的列表是由萨尔达尼亚(Saldaña)给出的。他列出了 33 种编码方法(Saldaña,2016,p.68),但它们组织成三个层次。在顶层,他区分了 26 种第一周期编码方法和 6 种第二周期编码方法(其中一种跨越两个类属)。在第一周期编码方法中,他确定了 7 种二级编码方法:语法方法、元方法、情感方法、文学和语言方法、探索方法、程序方法和资料主题化方法(一种独立的方法)。我已经提到了一些第三级编码方法,例如萨尔达尼亚称为"概念编码"的分析性编码,以及描述性编码(两种都是元方法)。其他方法,如原生编码(一种元方法)和数量编码(magnitude coding)(一种语法方法),我将在第 6 章中讨论。萨尔达尼亚讨论的不仅仅是编码方法,实际上也有被编码的不同现象。其中一些,例如戏剧编码和叙事编码(两种都是文学和语言编码),我将在下一章中分析。但是其他的,如情感编码和价值编码(两种情感方法),反映了上文表 4.1 中的各种现象。正如萨尔达尼亚所认识到的,哪种编码方法适合你的分析需求,取决于你的方法论视角、使用的方法和正在解决的研究问题。你不需要使用甚至循环每种方法,也不需要在每种方法上都取得进展。然而,从萨尔达尼亚对第一个周期和第二个周期方法的区分中可以看出,大多数研究者都认识到,一开始使用的编码类型往往不同于后来使用的编码和主题。我在本章中讨论的编码类型(以及我将在第5章中讨论的编码类型)都是第一周期编码方法,但我将在第6章中回到这个问题上来,并看看第二周期的方法。

本章要点

● 编码是许多质性研究的基本分析过程。它包括识别一段或多段证明同一主题思想的文本,并将其与一个浓缩了主题思想的代码联系起来。编码后,你可以检索编码类似的文本,并比较不同案例下的情况和以不同方式编码的文本。

● 确保代码尽可能地具有分析性和理论性是编码最重要的问题之一。你需要从简单的描述性代码和复述受访者对世界的看法的代码转变为解释资料的新的、理论性或分析性的代码。

● 对一些研究者来说,编码过程涉及新代码的创建。有了这些,你将对资料有新的分析和理论理解。他们建议尽可能避免将现有框架应用于资料。其他人则认为完全消除预设是不可能的,并建议从反映当前分析性思考的现有代码框架或模板开始。

● 扎根理论是编码方法的一个重要样例。这种方法在如何寻找需要编码的段落以及如何识别它们所代表的思想方面有一些很好的建议。它最终建议进行连续比较,即比较编码类似的段落、不同的代码和不同的案例的编码。扎根理论提出了一种有助于创建代码的特殊技术——逐行编码。这种方法虽然可能很有创意,但是仍然需要确保你所提出的编码不是单纯地接受受访者对世界的看法。

拓展阅读

这三本文献将进一步解释本章讨论的问题：

Charmaz，K.（2014）*Constructing Grounded Theory：A Practical Guide Through Qualitative Analysis*，2nd ed. London and Thousand Oaks，CA：Sage.

Mason，J.（2002）*Qualitative Researching*，2nd ed. London：Sage.

Saldaña，J.（2016）*The Coding Manual for Qualitative Researchers*. London：Sage.

5 分析传记、叙事和话语元素

主要内容

　　叙事

　　叙事的来源

　　叙事的功能

　　叙事和生活史

　　实用的分析性活动

　　叙事体裁或结构

　　话语方法

学习目标

　　阅读本章后,你应该能够:

● 了解叙事、故事和传记的分析对质性研究的贡献;

● 理解叙事的来源和功能;

● 理解生活史或传记的具体内容和主题;

● 掌握一系列分析叙事的实用方法;

● 了解更多的叙事结构;

● 理解话语的本质;

● 意识到话语分析中话语资源库(discursive repertoires)、主体立场、主流话语以及机构和制度的作用。

叙事

　　叙事或讲故事是人们组织自己对世界的理解的基本方式之一（另见 Flick，2018a，2018c；Brinkmann and Kvale，2018）。在故事中，他们使自己过去的经历有意义，并且与其他人分享经历。因此，对主题、内容、风格、背景和故事叙述作仔细分析，将揭示人们对他们生活或社区中关键事件的意义以及他们所处的文化环境的理解。

　　大多数的故事，特别是如果它们是长时间访谈或对话的一部分，可以用一个简单的例子来表达。不同于故事：

　　　　我承认我不是一个守时的人，但有时候迟到反而结果会很好。我记得有一次我稍微晚到了，我想我会错过火车。但事实上，前一班火车晚点了很久，我就搭上了这前一班火车。由于它赶上了自己的时刻表规定的时间，结果我提前到了，这让我要见的人特别惊讶。

受访者可能会说：

　　　　有时，即使你出发晚了，你也可能因为赶上了晚点的前一班火车而提前到达。

或者：

　　　　迟到不好，但有时你可以侥幸避免麻烦。

以故事形式讲述有什么好处？

● 它为一般观点提供证据（，而一般观点可以从特定故事中推断出来）。

● 它使结论个性化。"我经历过"这种说法，既强化了证据，又告诉了你一些关于这个人的事情：他们的感受，以及他们如何评估和体验这个世界。通过分析叙事、故事和传记，我们可以仔细研究人们所使用的修辞手法，以及他们将体验和个人知识加以表述并情境化的方式。

● 它将经验放进一个时间框架里，是按时间顺序排列的。这更接近我们对世界的经验——具有时间上的一致性。

● 它可以作为受访者给出的自我描述或传记方面的证据。它给了受访者一个声音。它鼓励我们认真对待人们建构和证明其身份的方式,因为通过叙述,人们告诉我们他们认为自己是什么样的人,或者希望我们认为他们是什么样的人。因此,我们可能会把注意力集中在那些通常没有代表性或不被认真对待的人身上。

● 它具有戏剧性和修辞力(见专栏 5.1),更容易被听者接受,也比普遍化更具有说服力。

专栏 5.1　修辞

修辞(Rhetoric)是一种通过演讲或有效使用语言来取悦或说服他人的艺术。它出现在古希腊,在那里,学习修辞被认为是在社会生活中获得成功的一种手段。修辞研究的是沟通的方法和手段,只考虑风格或外表是会受到批评的("仅仅是华丽的词藻")。亚里士多德在相关著作中提出了系统化的修辞论证形式,该传统在后来的几个世纪中得到了很大的发展(Aristotle, 1984)。例如,有一句著名的修辞问句(rhetorical question):"我还要告诉你多少次?"问这一问题不是因为需要一个答案,而是为了强调导致这个问题能够被提出的人就应该受到谴责的修辞效果。尽管有人批评它强调的是形式而不是内容,但修辞实际上不仅关注人们会怎么说,还以同等程度关注人们能说什么。实际上,修辞学的一个基本前提是意义的不可分割性,人们如何说出某事所传达的意义,不亚于他所说内容的意义。

　　以上罗列的各点说明了对叙事和传记的调查为质性研究中贡献了哪些内容,它既把注意力集中在人们如何表达自己的观点上,也使人们了解到自己想要如何描述自己,以及他们如何说明自己的行为和生活。共享的表达方式、共享的词汇和隐喻可以告诉我们很多情况,比如社会群体如何看待他们自己,以及他们如何解释自己的经历。见专栏 5.2。

专栏 5.2　隐喻和说明

隐喻

隐喻是利用意象作为一种修辞方法。通常用一个意味着一种事物的字或词语来指代另一种事物，从而进行含蓄的比较，就如"一片麻烦之海"（麻烦到处都是，就像浩瀚的大海或海上的风暴一样），"生活在快车道上"（像在高速公路的快车道上一样快速和繁忙地生活）或"在金钱里溺亡"（拥有太多的钱）。隐喻是我们将世界概念化时一个重要且不可或缺的部分，我们的日常行为反映了我们对经验的隐喻理解。普通的具体描述很少是隐喻性的，但是一旦人们开始谈论抽象或情感，隐喻理解就成了常态。

我们大多数人经常会使用标准隐喻来反映我们所处的环境和文化。作为研究者，我们可以研究这些隐喻是如何构成和被使用的，以及其他人是如何理解它们的。有时，人们使用隐喻是因为他们发现不使用隐喻就难以表达自己，或者因为他们所说的话有一种情感内容，更容易通过隐喻来表达。在其他情况下，隐喻只是一个常用语的例子。另一方面，在某些情况下，具体隐喻的使用反映了受访者所属的较狭小的群体的共同思想和概念，并且是特定文化领域的特征。

说明

对说明的研究至少可以追溯到米尔斯（Mills, 1940）的作品，米尔斯把说明描述为含有动机词汇，同时，说明也是奥斯汀所说的"用词做事"的例子（Austin, 1962）。说明是叙事的具体使用，人们说明自己的行为或处境，是试图对其进行叙述、论证、辩解与合法化。说明有两种主要类型：辩解，人们试图去减轻或缓解可疑的行为，也许是通过将其归咎于意外、超出他们控制的外在因素或缺乏信息；证明，人们试图将可疑的行为中立化或者赋予其积极价值。

叙事的来源

可以对不同来源的文本进行**叙事分析**(narrative analysis),其主要来源是访谈。与其通过预先设定的一系列问题,甚至预先制定好的主题列表进行访谈,还不如只是鼓励受访者讲述他们的故事。在要求这个人叙述他们生命中某个转折点的经历时,这种引导尤其有效。已经被研究过的典型例子包括离婚、宗教皈依、职业转变、生育和罹患危及生命的疾病。

访谈不是叙事分析的唯一的材料来源。材料也可以来源于自然发生的对话(假设你已经克服了录音的实际的和伦理的障碍)、焦点小组、各种文献或书面资源,包括明确的自传。在某些情况下,你可以参考文献资源来支持和丰富你对访谈的叙事性诠释。

叙事的功能

叙事是一种非常普遍和非常自然的传达经验的方式。关注人们为什么在访谈中的重要时刻使用叙事或讲故事的方式,可以使我们深入了解对他们来说什么是重要的,并提出进一步调查的想法。

叙事的常见功能包括:

● 传达新闻和信息,就像个人经历的故事一样。这也许是故事中最常见的用法,我们所有的对话都充满了这样的故事。

● 满足心理需求,比如为人们提供一种处理日常生活干扰的方法。这些问题包括个人或家庭问题、金融危机、健康状况不佳、就业变化,甚至是特别敏感或创伤性的时期或事件,诸如离婚或暴力问题等。我们需要在混乱之后恢复秩序感并尝试理解矛盾,这种秩序化的过程被利科(Ricoeur,1984)称为"桥段"(emplotment),指的是将一个事件序列组织成一个情节。序列可长可短，但对于人们来说，尝试给出事件的叙事形态是很重要的。分析这些故事中使用的语言可以揭示叙述者的许多感受。

● 帮助群体确定问题或对问题的集体立场。当几个人经历过同一个事件时，他们的叙事可以成为表达他们共同经历的一般化故事。一个例子就是同性恋者"出柜"的故事。

● 说服别人（例如在法庭上或者作为一名推销员时）。人们在这些例子中使用叙事的修辞能力，似乎可以提高他们的说辞的可信度。

● 展现正面形象或提高可信度。典型例子是，人们在前期自己的观点并不被信任的情况下，或者在需要通过专业知识或技能才能实现目标的情况下，取得了成功。另一些人会通过讲故事来说明他们的立场是多么的普通或常见，来提高自己的可信度。

● 通过比喻、谚语、道德和神话故事来进行经验的社会传播。受访者以此来向研究者和同伴表明好的和不好的做法，它们还具有伦理或道德含义。这方面的一个典型例子是讲述组织中的事故或灾难的警示性讲述。这样的讲述作为一个集体提醒，提醒着人们不要做什么和不该做什么。道德故事通常是关于他人的，但如果故事是关于叙事者的话，这通常是因为它是叙事者克服逆境的例子或者他们生活中的关键转折点。在许多情况下，道德故事是传递文化遗产或组织文化的一种方式，尽管这些任务也通过道德故事以外的叙述方式来实现的，例如：暴力故事、组织中的道德寓言、关于失职的寓言（例如在医疗环境中，警告人们不该做的事）、儿童的口头语言、城市传说以及关于"客户"的叙述，比如零售机构的顾客、医疗问题中的病人以及大学和学院的学生。

● 构建自我观念，建立和维护我们的身份。这可以通过我刚刚提到的那种道德故事和文化故事在社会层面上实现。这些共享的故事可以定义一个小组或亚文化群体，尤其是团体中的小群体，被纳入这样的群体通常需要了解这个群体中的关键故事。但故事也可以用来在个人层面上建立身份。故事将叙事者的内心现实呈现给外部世界，并常常让叙事者了解自己。我们通过故事知晓或发现自己内心，并把自己展现给他人。正如麦克亚当斯（McAdams）所说的那样：

> 如果你想了解我,那么你必须了解我的故事,因为我的故事定义了我是谁。如果我想了解我自己,了解自己生命的意义,那么我也必须了解我自己的故事。(McAdams,1993,p.11)

并不是每个故事都会发挥上述的每一个作用,但故事至少会发挥其中的一个作用,而且大多数的故事都有不止一个作用。注意确定叙事的作用,将展现出叙事者是如何描绘自己的,包括他们的经历是怎样的以及他们关心的是什么。

叙事和生活史

叙事的一个重要例子是自传(autobiography)或**生活史**(life history)。尽管人们在向我们讲述自己时,会自发地使用叙事,而且他们经常在话语中包括一些小故事,但传记和生活史通常是在特定要求下才会有的。资料可以来自访谈、书面传记、自传、生活史访谈、个人信件或日记。

当受访者描述他们的一生时,通常会把事业和记忆整理成一系列的叙事编年史,以关键事件为标志——叙事的桥段。这些可以显示一个人如何对特定的经验进行建构和理解。这些可以显示这个人是如何构建和理解一组特定的体验的。典型的例子是人们如何衡量成功,他们如何克服逆境,他们认为什么是好的或坏的做法,以及他们对成功和失败的诠释。

传记内容

当人们在讲述他们的生活史时,采取的一般方法是"它是如何发生的"或者"我是如何成为今天的我的"。传记有几个主要特点:

● 传记几乎都是按时间顺序排列的。这并不意味着故事的每个部分都严格按照发生的顺序排列。有时候,人们会在传记的中间插入一个关键事件或经验,但总体上,事件是按照它们发生的顺序被回忆的。

● 人们通常会识别关键事件和关键的社会角色——他们故事的特色。这些事件和人物对受访者产生了影响，没有这些关键事件和人物，受访者就不会成为现在的人。

● 关键事件的一个具体例子是转折点或邓津所说的"**顿悟**"（epiphany），即在该人身上留下印记的事件（Denzin，1989）。这就是人们所说的，在他们的眼中，使他们变成了一个不同的人的事件。他们经常会用"在这些事件发生之前，我经常做这些事情（是这种人），但现在我会做不同的事情（或者是另外一种人）"之类的说法来描述这种经历。关键事件和人物是一个人如何想象他们的人生，以及人生对于他们意味着什么的一个良好指示物。

● 生活史的其他共同特征包括计划、机遇和其他影响。人们通常用一些术语讨论事件或人，比如他们有幸遇见的人或对他们产生影响的人（例如伙伴、配偶、导师）或者是他们一直计划的事情（例如结婚、组建家庭）。这种特殊经历成为麦克亚当斯所谓的"个人神话"的一部分。

生活史通常都有主题，而这些主题以及刚讨论过的特征，可以用通常的方式进行编码（在前一章节有所讨论）。主题在很大程度上取决于个人的经历，它们可能只适用于个人传记中的一个阶段，有时候主题因其缺席而显得重要起来。专栏 5.3 列出了注意事项。

专栏 5.3　常见的生活史主题

● 关系故事——不断提及他人，包括他们和别人做了什么、他们对别人做了什么、别人对他们做了什么，或者相反，大部分活动都是由受访者独自进行的。在这些故事里寻找与活动描述一同出现的其他人的名字，包括代词"他""她"和"他们"的使用以及与活动一同出现的"我"的使用。

● 归属和分离——这是两个对立的主题，对于有个人身份问题的人来说可能很重要。"我是谁"这样的身份认同对于很多人来说都是一个问题，因为他们从独立到与别人建立起关系、组建家庭，然后孩子也长大、独立。身份问题也会出现在个人经历了重大改变之后，

（续表）

比如参军、当修女或者从有偿就业中退休。

● 亲密、遥远和搬迁的经验——这是一个经常在大幅度移动（社会上或地理上的移动）的生活中表达的主题。你可以预料到一个典型的叙事例子是移民或社会阶层转移（例如通过婚姻）的人的故事，不过，对于那些试图摆脱他们眼中的家庭、社区或背景限制的人来说，这也可能是一个主题。

● 职业观念——这里指的可能是一种职业或其他社会角色，例如，父母、孩子、患者。这通常是生活中重要的概念，其中包括：以工作为使命的人，比如士兵、牧师、护士、教师和记者；根据他们所做的事来定义自己的人，比如"我是全职妈妈"；那些经历过某种事情的人，这些事情占据了他们的生命，例如事故后的截瘫、危及生命的疾病或长期监禁等。

● 与异性的亲密关系（或者同性恋者的亲密关系）——不讨论可能与讨论同等重要。

● 关注早年生活，作为日后行动的决定因素——是什么让我成为现在的我，这是一种解释形式的叙事。人们经常试图用他们早年生活中发生的事情来解释现在的情况——他们做什么工作、他们是什么样的人以及他们的关系。

这是一个指示性清单，而不是一个完整的清单。你可能会发现，在你正在研究的叙事中，不同的社会、个人或年代主题很普遍。

实用的分析性活动

1. 阅读和重读转录稿以便熟悉叙事的结构和内容。

寻找：

● 事件——发生的事。

● 经验——印象（images）、感受、反应、意义。

● 叙述、解释、理由。

● 叙事——讲述事件的语言和修辞形式，包括叙述者和受众（研究者）之间的互动、时间顺序、角色、情节化和意象。

查找常见内容和主题的示例，如上所列。

2. 准备一个简短的书面总结，以识别关键特征，如故事的开始、中间和结尾。

3. 使用文字稿的右侧空白来记录主题思想和结构要点，寻找主题之间的过渡。你可以查阅不同文本中不同种类的过渡形式，例如从专业培训到早期职业生涯的转变。找出在传记特定阶段使用的特定主题的表达文本。例如，亲密关系是否只在受访者的传记中的某些阶段才会被提到？

4. 把你的想法记录下来，并把人们说明他们的行为和展示故事的整体结构的部分标示出来，看看叙事者的内容、情绪或评价是否与主题相矛盾。叙事者还可能对问题采取的一种特殊态度是不提及它。

5.（用钢笔或铅笔）标记任何被包含在内的小故事或子情节，使用箭头表示元素之间的关联。

6. 画出或圈出情感语言、意象、隐喻的使用和表达叙事者感受的段落。

7. 为主题思想编码并建构一个编码框架。使用"童年""专业培训""早期职业生涯""婚姻""父母""国民服务""管理""职业转变"和"退休"等较为明显和宽泛的代码可能就足够了。

8. 在稍后的分析中，开始将你已形成的关于叙事的想法与更广泛的理论文献联系起来。

9. 进行逐个案比较（例如主题方面的比较）。在一项研究中，你很可能只需要处理几则生活史。即便如此，一些个案的比较可能还是有启发性的，你可以比较在一些事情上不同参与者的不同看法，或者你可以比较人们在生活中如何经历类似的转变。

一个例子：玛丽的分居故事

这次访谈来自研究与丈夫分居的妇女的经历的项目。在访谈中，玛丽（Mary）没有给出她一生的传记，而是从丈夫离开她的时候开始叙述，她主要按照时间顺序讲述了当时和接下来的九年发生的事情。访谈转录稿包括了一系列故事或场景，其中穿插了一些对事件的解释以及对玛丽的感受和情绪状态的描述。访谈转录稿很长（超过 6 000 字），这里篇幅有限，无法给出很多细节，而我将总结这些文本，并指出玛丽的访谈如何体现本章中讨论的一些想法。

1. 起因。

玛丽于 1963 年结婚，并于 1994 年与她的丈夫分开，当时她 51 岁。她有四个孩子，三个是女儿（一个女儿在他们分开时已经结婚），一个是儿子。玛丽以她丈夫突然离开的那一天开始她的叙述。她很关切地解释这次分手是多么突如其来，而且以前她和丈夫的关系中，没有任何迹象表明他想离开。她通过几个小故事来说明，比如她儿子的故事，她讲述了丈夫如何把儿子所有的东西都带走了，以及几天后，她发现了他留下的房子钥匙的故事。对她来说，最初的问题是她受到的指责。她丈夫离开时留下的那封信给她的印象是，她才是关系破裂的罪魁祸首。正如玛丽所说：

> 它（这封信）就像你，你，你和我都无法应付的事情，因为我以为我一定是一个非常糟糕的人，所以才发生了这种情况，你知道的。

玛丽不仅强调她因为关系破裂而责怪自己，强调她是多么震惊——"我不能待在家里，不能吃饭，不能做任何事，我真的无法正常生活了"——而且强调她丈夫的离开方式是多么突然、意外和奇怪。她在采访中多次使用"怪诞"这个词来形容这件事。在一些段落中，她还用不同的隐喻试图描述她当时的感受。在一个例子中，她说：

> 这是如此地震撼。我只记得那感觉就像是我的耳朵里有非常强烈的嗡嗡声，由外到内非常、非常地冷，我真的观察到它了，因为

它非常怪诞，然后热量随着寒冷而来，一路沿着我的身体上升，似乎从我的耳朵里冒出来，从我的头顶穿出来。

在后来的叙事中，她承认自己具有非常直观的想象力，并说：

> 我有一种可怕的感觉，就是在一个房间的角落里，我的背紧靠着角落，我的手紧紧抓住角落，然后这个角落开始瓦解。我会开始往下掉，就像……噢，上帝，这是惊人的，因为只有我的双手紧抓住墙来阻止我掉进去，但我的内心告诉我，如果你掉进去了，你就永远不会回来。你知道，我感觉自己好像在精神崩溃的边缘摇摇欲坠，这就像是我身后的角落里打开了一个洞似的。如果我真的掉到那里，我可能会病得非常、非常厉害。所以紧紧抓住墙其实支撑了我。

不是每个人都如此富有想象力，并运用如此富有表现力的意象来表达他们的感受和经历，但是像这样的段落让我们很好地了解了这个人的感觉和这个事件带给该人的感受。

2. 经过。

在玛丽的个案中，后一段也是她在故事中身份变得更独立的一部分。首先，她讲述了她是如何发现丈夫与另一个女人在一起的。这消除了一些她受责备和震惊的感觉。然后她描述了一个顿悟，这发生在她痛苦的时候，她和她女儿住在一起，由于没有多余的床，她和小孙女睡在床上。孙女尿裤子了，弄得玛丽浑身都是。

> 我想我是从那时候开始振作起来……我必须做点什么，我不能再继续那样了，必须改变自己。

3. 结果。

然后她讲述了她如何获得了几张资格证书，接着开始了新的职业，她还加入了一个单身人士的社交俱乐部，建立了一些新的和持久的友谊。然后，她理清了自己的经济状况，最终，在经济上顺利的时候，她和丈夫离婚了。

玛丽的叙述里缺少了什么？当然，缺失的一个主要声音是她前夫的声音，她的孩子的声音也不在内。我们只得到了玛丽对所发生的事情的记忆。因此,叙述都是从她的角度以及她所记得的事情出发的。很多故事都注重向听众展示她的感受是强烈的、合理的和可以理解的。请记住,她讲述的所有小故事很可能都已经多次向其他听众回忆和讲述。通过这样的重述,它们将被提炼、重新记忆和重铸,因此它们的形式发生了变化,并且被塑造得适合特定的听众。我们可以在以下时刻看到,对叙述的共同构建正在起作用。当玛丽讲述了几个相关的故事来重申她的丈夫没有给出打算离开的征兆后,年轻的女性访谈者转到另一种说法:

> 回想过去,你认为是否有什么事情给你任何迹象,以表明将要发生的事情,还是说它完全……

玛丽打断她,说:

> 完全地、完全地、彻底地出乎意料。

接着她又讲了两个故事,一个重复了她丈夫临走前是多么地平静,并没有任何迹象表明他要干什么,另一个则讲述了找出现在和她丈夫生活在一起的那个女人的经过。

玛丽用故事讲述从她的视角看到的事件,她用故事来说服我们相信她那里发生了什么,她用故事来表达她的情绪和感情,她用整个叙事来展示她如何克服分手带来的情感和经济创伤,而在一次顿悟之后,她振作起来,她是如此振作,以至于她现在认为自己是一个收入稳定、情绪稳定和独立的人。这就是她现在对所发生的事情的理解。

叙事体裁或结构

除了考察传记的主题内容之外,我们还可以看到人们故事里的叙事结构。至少从古典时代起,人们就认识到,故事有开始、经过、结果(我在玛丽的故事中使用了这种划分)和逻辑关系。事件不仅是暂时性的,它们还具有因果序列:一个事件不可避免地导致下一个事件的发生。我们可以把人们讲的故事看成有情节的故事,把它们像戏剧一样分类。表 5.1 根据戏剧主题把故事分成了四类。我已经为一些表述标示了下划线，你可以考虑用它们设置代码。

表 5.1　故事的戏剧分类

传奇故事	在追求<u>目标</u>时，主角面对了一系列的<u>挑战</u>，并取得<u>最终</u>的<u>胜利</u>。
喜剧	<u>目标</u>是<u>恢复社会秩序</u>，主角必须具备<u>社交技巧</u>来战胜<u>威胁</u>社会秩序的<u>危害</u>。
悲剧	主角被<u>邪恶力量</u>所击败，被社会<u>排斥</u>在外。
讽刺剧	对<u>社会霸权</u>的冷嘲热讽。

　　玛丽的叙事主要以传奇故事的形式出现。虽然一开始，她丈夫的离开让她感到焦虑、经济不稳定和震惊，但她很快开始描述她如何为自己创造新生活。她接受了培训并开启了新的职业生涯，加入了社交俱乐部，制定了策略来克服持续的焦虑，并且适应了独自在家的生活。她提起离婚诉讼，希望利用丈夫的赡养费来最大化经济利益。她认识到这些变化：

> 可悲的是我现在很高兴他走了，实际上这听起来很怪诞，因为我花了很多年才恢复过来，然而现在我和我的生活方式的变化如此巨大。回到过去，你知道，我不能这样做。

　　生活故事在发展，它是前进还是后退，取决于故事接下来是向更好的还是更坏的方向发展，或是它们在"情节"稳定时保持稳定。如果事情稳步向前发展，那么这个故事就被说是上升了，玛丽的故事显然在上升。如果情况逐渐恶化，那么故事就在下降。其他人的故事可能会随着事情从好变坏而先升后降，或是随着事情从坏变好而先降后升。

　　另一个著名的故事分类是阿瑟·弗兰克（Arthur Frank）在他的著作《受伤的故事讲述者》（*The Wounded Storyteller*，Frank，1995）中给出的。弗兰克在书中研究那些生病的人讲的故事。正如他所说：

> 故事必须修复疾病对人的感觉造成的损害，这种感觉有关她在生命中所处的位置以及她可能去往何处。故事是一种重新绘制地图和寻找新目的地的方法。（Frank，1995，p.53）

　　弗兰克确定了三种常见的故事类型。

1. 恢复原状的叙事。这是医生和其他医疗专业人员最喜欢的故事。重点在于恢复健康，在于好起来的那个"我"。这种叙事通常有三种变化，一开始是身体上的痛苦和社会方面的缺席（"我不能工作""我不能照顾我的家人"）；接下来的变化着重于补救措施，即需要做些什么；最后是采取补救措施，描述如何恢复身体舒适感和社会责任。这些通常是关于患者而不是由患者讲述的故事，尤其是因为它们给叙事者的代理权很小，患者只需"服用药物"然后康复。

2. 混乱的叙事。这并不是一个故事。没有什么叙事的驱动力或顺序，只是一些不好的事情的罗列，事情永远不会好起来，叙事者几乎是不知所措的。典型的（非医疗）例子是第二次世界大战中集中营幸存者讲述的大屠杀故事。这种故事表明人们缺少或失去了控制，医学无能为力，这些都不是别人想听的故事，他们经常打断这些故事去提供好的结局，比如"人类精神的坚韧不拔"。正如弗兰克所说，现代性（医学科学就是一个很好的例子）不能容忍混乱，它必须有理想的结果。

3. 探索性的叙事。这是叙事者的故事，叙事者控制着这里的一切事物。叙事者们讲述他们如何在疾病面前"迎面而上"，并试图利用它，希望从经验中获得一些东西。这是自助团体经常讲的一个故事。故事是一段旅程，有出发（症状被识别），有成长（精神上、身体上和社会上的痛苦，通常是指病人生命中被疾病打断时所经历的痛苦）和归来（叙事者不再生病，但这次经历仍留下了印记）。这些故事可能包含弗兰克所说的：叙事者获得了新的声音，对经验有了新的见解，并希望其他人将其付诸实践。

这些分类与我先前给出的戏剧形式是有所重叠的。例如，探索性叙事可以采取传奇故事或喜剧的形式。此外，正如我在提到大屠杀故事时所建议的，这种分类不仅适用于疾病，也适用于其他创伤，例如，法律故事、难民故事、失业和分离故事。确实，你可能会在玛丽的故事中看到许多元素，因而认为它是一种探索性的叙事。

这种叙事结构的分类可以通过几种方式来使用：

1. 它们可以让我们注意人们描述他们所谈论的事件的方式。例如，在玛丽的例子中，她现在把自己看作一个坚强、独立的女人，她已经找到了处理财务和情感问题的方法。这总是会提出一个问题：为什么人们选择这样描述自己？有时候这个问题可以通过研究传记的内容来回答，有时候它仍然无法回答。除此之外，选择一种叙事方式可能需要省略或淡化某些问题。例如，玛丽在她的故事中，很少提及现在与她一起生活的新伴侣，也许是因为她想强调她已经克服的困难，而不是她已经设法重新建立起她丈夫离开时她失去的那种关系（喜剧形式）。

2. 如果你正在研究几份传记，你所发现的结构可以用来在案例之间进行比较。也许对于你正在研究的问题，所有人都用同样的结构讲述自己的故事，这可能就揭示了人们是如何经历分离的。另一方面，如果有不同结构的故事，那么这些差异可能与其他的个人、社会或组织问题有关，而这些问题在你最终分析时是有重要意义的。

叙事元素

一些研究者已经专注于人们在日常话语——包括访谈——中引入的各种故事。除了简单的开始、经过和结尾的分类之外，拉波夫（Labov，1972，1982；Labov and Waletsky，1967）认为完整的故事有六个要素。见表 5.2。

通过以这种方式分析叙事和故事来了解它们是如何构建的，我们可以开始理解故事所扮演的功能。结构帮助我们理解人们如何塑造事件、如何提出观点、他们对事件的反应以及如何描述事件，这些都可以作为进一步探索和分析的出发点。

访谈通常包含独立的故事或子情节。它们从回答的其余部分中脱颖而出，部分原因是它们使用过去时，而且它们经常是受访者最关心的问题，在访谈的其他时间点，受访者可能会回到这些问题上。正如我们在玛丽的访谈中看到，她以一系列短小的情节或故事的形式来讲述她的传记，其中许多是可以与拉波夫的结构相对应的，进行这种对应有助于我们专注于这些部分。一个例子是玛丽如何找到一份新工作的故事。见表 5.3。

表 5.2 拉波夫的叙事元素

结构	问题
摘要	摘要是总结。这是关于什么的？总结这一点，或给出一个一般性的命题，而叙事会作为例证加以说明。在访谈中，访谈者的问题可能会发挥这一作用。可被省略。
定位	故事的时间、地点、情境、参与者。它告诉我们谁、什么、何时或如何，给出人员、背景、时间段等。使用的典型短语是"当时……"或"当我做……时，这件事发生在我身上"。
复杂的行动	有序发生的事件都在回答问题——接下来发生了什么？这是对故事核心事件的主要解释。拉波夫认为，这些通常是以一般过去时来回忆的，行动可能涉及转折点、危机或问题，并显示叙事者是如何处理它们的。
评价	回答问题——那又怎样？然后给出行为的意义或叙事者的态度。突出叙事的重点。
解决	最后发生了什么？事件的结果或问题的解决。使用的典型短语是"这意味着……"或"这就是为什么……"。
结尾	这是一个可选部分。它标志着故事的结束，并让话题回归现在或过渡到另一个叙事。

表 5.3 玛丽的故事

结构	内容
摘要	我需要挣多些钱，我去工作了，但是挣钱的进展缓慢。凯特（Kate）（同居的女儿）提出由她多支付些钱供我生活，但我说："不，这不是你的责任，这是我需要解决的。"
定位	我的想法是，我 20 年来一直担任社工。我已经退休了，而我喜欢这个职业的一点就是有很多咨询。我接受了很多内部咨询培训，这是我最喜欢的部分，所以我想我会参加一门咨询课程。
复杂的行动	所以我参加了 RSA1，但是这门课程很昂贵。我从大学里得到了一些帮助来支付那笔费用，然后我拿到了三年的文凭，用完了我所有的钱。抵押贷款就要到期了，一切都该还清了。赡养费能够解决那些贷款，所以没问题。但是，我还需要缴付以前在莱德布里奇（Ledbridge）学习的费用，这让我一无所有了。但我就是这么做的。
评价	我完全变成了另一个人，如果你在街上碰见我，你就不会认得我了，我瘦了约 19 公斤，我决定染头发，我从一个带孙子的奶奶变成了……那个决心要好好前进并确保自己安然无恙的人。
解决	这就是我所做的。这意味着我可以独立，并做一份我真正喜欢的工作。
结尾	我很高兴现在他走了，给了我这个机会去发现自己，因为我在那个家庭里迷失了。

这是一个简单的例子，但它很好地说明了人们如何讲故事，以及他们是如何隐约认识到讲故事的惯例的。并非所有的故事都能很好地归入这些类别，但大多数故事在很大程度上都是如此。看看他们的访谈中，受访者闯入故事的那些时刻，很明显，这些对他们来说是重要的问题。人们几乎可以说，这是他们如何看待自己的决定性实例。玛丽把这些故事作为整体叙事或传记的一部分。该分析的重点之一是评估要素。这告诉了你受访者对这些事件的感受，就玛丽而言，这为她的整体故事增加了更多证据，说明她在丈夫离开后如何从根本上改变了自己的性格。这样的故事也可以为叙事增加道德因素。再一次以玛丽的故事为例，这个故事说明了她如何摆脱对家庭的情感和经济依赖。

话语方法

到目前为止，我已经通过访谈、观察等来做资料收集，就好像这里是人们告诉我们他们做了什么、有什么想法和感受等的地方，或者我们可以观察他们做这些事情。正如我们刚才所看到的，关注叙事元素能够让我们知道，人们不仅仅告诉我们事实，他们还用叙事和修辞来说服我们相信发生了什么事情以及他们感受如何。这种我们"用文字做事"的洞察力在话语分析（discourse analysis，DA）中得到了进一步的体现。话语分析本身就是一种方法，并且有一些关于如何执行话语分析的书籍（或者更确切地说，有一些关于如何执行一种或多种类型的话语分析的书籍，因为话语分析有许多相互竞争的风格）。在这个部分中，我不打算将整个话语分析作为一个单独的方法进行详细介绍，而是将话语分析作为扩展分析灵敏度的另一种方式。

这对于一些话语分析者来说是有争议的。迄今为止我所关注的质性分析都在一定程度上假设，我们的参与者告诉我们他们经历了什么或发生了什么，或者我们直接观察他们做的这些事情。在话语分析中，正如它的名字所表明的那样，它的中心焦点在于语言的使用，无论这种语言是口语、书面语还是其他记录。而对于一些话语分析者来说,话语就是全部。他们不关心人们对世界的真实持何种主张(他们说他们做了什么,正在发生什么,过去发生了什么等——语言作为描述),而只关心他们如何用语言表达这些主张,如何为这些主张和他们自己进行辩护,如何说服他人相信他们所主张的就是事物的真实情况(语言作为活动)。人们对世界和发生的事情的不同看法似乎是矛盾的(甚至是自相矛盾的),但实际上,对于话语分析来说,它们只是为了不同的目的和不同的受众而对世界进行不同的建构。这是话语分析中建构主义倾向较强的视角,我将在这里以"话语心理学"(discursive psychology,DP)的名义对它进行讨论。话语心理学的追随者倾向于拒绝我在前一章中所作的关于对世界做出不合理的现实主义假设的分析。然而,我相信他们的分析见解可以为前一章所讨论的主题分析提供指导,特别是让我们对于人们如何使用修辞和话语手段来表达他们的观点,并为他们的观点进行辩护和证明更加敏感。这对于确保分析的质量和全面性是尤其重要的。

话语分析的其他视角则更加关注人们所声称的内容,但把它们看作人们所使用的话语的反映。在这里我将讨论其中的一个视角——批判话语分析(critical discourse analysis,CDA)。批判话语分析不仅关注人们如何使用语言,还关注他们可以调用的文档、电视和广播中的所有话语资源。批判话语分析甚至还关注反映这些话语资源并反过来强化它们的机构、制度、组织、社会团体甚至建筑物。在批判话语分析中,话语不仅是指人们说的话(尽管它的确包括了这一点),而且还包括所有其他社会现象,特别是印刷和手写文本,这些社会现象体现、促进和定义了人们所呼吁的话语概念。批判话语分析的一个关键研究兴趣在于话语如何支配我们,如何决定/塑造我们的行为。批判话语分析的支持者经常将他们的方法与我在最后一章讨论的主题分析和扎根理论结合起来。(在某些情况下,他们甚至将质性研究方法与定量研究方法相结合。)一个很好的例子是蒂奇尔等人的研究(Titscher et al.,2000),而从扎根理论的角度来看,一个综合性的例子是克拉克的研究(Clarke,2005)。

话语心理学

社会心理学中的话语分析现在被称为"话语心理学"，由波特和韦瑟雷尔（Potter and Wetherell，1987）开创，并且从那时起由许多英国心理学家发展起来（Edwards and Potter，1992）。它的重点是语言实践，即人们在互动中实际做了什么。所以它倾向于把注意力集中在话语的微小细节上，而研究者通常从一个详细的转录稿开始，然后向上分析。

在他们的分析中，他们并不认为语言是外部世界的被动反映。这是一个"制造现实"（doing reality）的场合，而不仅仅是描述它。关键在于，按照奥斯汀（Austin，1962）的说法（见专栏 5.2），语言执行动作。因此，说"你好"是表示问候，说"我保证"是表示承诺，以此类推。这里的一个关键见解是，说话者看起来好像在做一件事，特别是在描述世界，但实际上他们在做一些完全不同的事情。

1. 一个例子。

想象一下下面的场景。这是一个温暖的夏日，几个人坐在一个房间里，随着夜幕降临，他们开始聊天。

萨姆：唐娜（Donna），你看起来好像冻着了。窗户开着会越来越冷。琼（Jean），你离得最近。

话语心理学认为，即使在这个简短的例子中，萨姆在这里也做了几件事情。从表面上看，她似乎在告诉我们其他人已经知道的事情，尤其是当她说"琼，你离得最近"时。她正在告诉我们一个关于世界的事实，告诉在场的人，琼离窗户最近。这当然是多余的，其他人很可能已经看到了。但事实上，这看起来像是关于世界的事实陈述，实际上是在做一些完全不同的事情，这是在请求（建议或要求）——尽管是含蓄地——琼把窗户关上。这也解释了为什么应该是琼而不是其他人——因为琼离窗户最近。

但实际上，这几句话里还蕴含着很多在进行的事情。萨姆本可以说：

琼，你为什么不关上窗户，让唐娜暖和点呢？

或者，

琼，能请你把窗户关上吗？

但是萨姆没有这样说。萨姆说"琼，你离得最近"是为了避免向琼提出明确的要求。如果说"琼，能请你把窗户关上吗？"，那就意味着萨姆需要某种权威来要求琼做那件事。如果萨姆是房主，或者她是老师，而其他人是她的学生，她或许可以这样做。但是，如果萨姆没有这种权威，那么她必须含蓄地询问。

当萨姆说"窗户开着会越来越冷"时，她似乎在就房间里的温度做出一个真实的判断。其他人可能把这个理解为"我觉得冷"，这会让萨姆看起来很自私，并限制她建议琼关上窗户的权力，哪怕含蓄地建议也不行。但是，她避免了任何偏见或自私的怀疑，在说这句话之前，她先表达了唐娜看起来好像冻着了的观察。话语心理学家认为，当提出事实主张时，人们试图通过提及具有相同观点或经历过相同事情的其他人来提供确凿的证据，从而建立自己的独立性。

关于事实的日常推理的关键特征是，报道中的共识提供了版本真实性的证明——如果一个车祸目击者声称司机开得太快，他们可能会不被重视；然而，如果大多数或所有目击者声称这一点，他们可能更有说服力。（Potter，1996，p.159）

所以我们可以看到，即使在这个简短的例子中，萨姆也采取了很多话语行为。首先，萨姆提出了一个含蓄的请求，把它伪装成一个事实陈述，以避免破坏任何社会规范，因为萨姆不应该命令琼做事。第二，萨姆解释了原因，尽管她注意到唐娜很冷，但该去关窗的人却不是唐娜，而是琼——琼离窗户更近。第三，萨姆在处理利害关系问题。人们不希望被认为他们所说内容的真实性与他们的利益有关，或者他们的话语行为的结果有个人利益。所以他们通过各种行动来避免自己被这样诠释。这包括利用他人的观点和行为来证实他们所宣称的内容（如萨姆所做的）。但是他们也会说，他们只是普通人，在做普通的事情，因此在这个情景下没有特殊利益。他们所做的，是话语心理学家所说的"免责声明"。例如，一位灵修者谈到自己听到鬼神的声音时，可能会解释说她只是在看电视，并没想到会听到声音。她以此来反驳听众的想法，因为人们理所应当地认为灵修者会听到鬼神的声音。另一个例子是说"我真的很喜欢约翰，但是……"，这就是在批评约翰之前为自己辩护，以反驳别人指控他们只是不喜欢约翰罢了。这个例子说明了几件事。首先，它展示了详细和小规模的分析，而这正是话语心理学的典型特征。正如我前面所说，话语心理学从一个详细的记录开始向上分析，以深入了解人们如何用话语处理事物的。其次，它展示了人们在做出事实主张时所做出的一些典型的话语行为。话语心理学家称这些为"事实化装置"（factualization devices），包括处理利益和利害关系、免责声明、使用协作装备（以其他人同意的观点为依据）和独立性（表明他们没有如你预期的方式受到事件或自己身份的影响）。最后，它向我们展示了，当我们以这种方式看待一个简单的对话时，我们如何能够更深入、更全面地理解正在发生的事情。

关键术语

话语心理学家倾向于使用来自自然发生的情况（人们闲聊、医生与患者交谈等）的文本，而不是研究访谈或焦点小组的人为情况。然而如果合适的话，他们不反对使用这些资源。无论何种情况，话语心理学家都会在这些话语中寻找一些关键的语言实践或结构。

1. 诠释资源库。

这些是说话者文化中的隐喻、术语、比喻和短语，是说话者可以借鉴的东西，但是他们的选择受限于他们所处的环境和他们所谈论的主题。其中一些用语可能代表了他们自己或亲朋好友的经历，另一些可能代表他们在更广泛的政治或话语领域所遇到的用途。因此，如果人们在谈论难民，他们可能使用如"洪水"或"淹没"这样的隐喻，或如"长期痛苦""被贩卖者剥削"以及"国家已满""抢走我们的工作"这样的短语。在不同情况下，分析者都会寻找资源库所支持话语行为（质疑、解释、辩护、要求等）。

2. 主体定位。

这是人们在他们的话语中采取的立场或角色，通常是作为验证他们所说的话的一种方式。在占据那个位置时,他们可以声称他们对话语讨论情况有更好的了解,或者他们有经验,因此他们的观点更可靠或者更应该得到重视。人们在话语中可能会采取不止一种立场,这取决于他们在谈话的那个时候的需要。他们可以明确或含蓄地做到这一点。例如,当有人说"作为一个母亲"时,他们是在明确地这样做。然而,也有人可以通过提及典型的母亲(在那种文化中)从事的活动——工作、家庭两不误,接送孩子上学和放学,做饭——来含蓄地做到这一点。

3. 意识形态困境。

意识形态困境表明诠释资源库看起来可能是矛盾的。即使在同一次谈话中,人们也并不总是一致的。他们选择的资源库可能反映了他们所处的特殊情况或者他们被问到的某种问题。话语心理学家认为,人们并不矛盾(比如提出两个相反的事实主张的那种矛盾),他们只是在调整他们的话语以适应特定的情况。想想看,如果年轻人和朋友聊天,或者和父母聊天,他们会如何改变他们谈论前一天晚上在俱乐部活动的方式。即使不存在显而易见的矛盾,这也说明了话语因语境而变化的方式。

批判话语分析

尽管话语心理学是从一个详细的转录稿开始向上分析,但批判话语分析倾向于关注人们可以调用的一般性的社交语言资源,并通过这些资源定义和限制他们可用的话语行为。话语因此促成并限制了什么可以说、由谁说、在何时何地说。这种话语心理学形式的主要作者是米歇尔·福柯(Foucault,1973,1977,1979;Rabinow,1986)。批判话语分析的支持者承认他的影响,但也引入了社会语言学思想。费尔克拉夫(Fairclough,2003)认为这种被称为"文本导向的话语分析"的方法与福柯的方法对比鲜明,福柯的方法具有更多的社会理论取向。

1. 主观自我。

在批判话语分析中,话语具有建构性和决定性的双重作用。正如

在话语心理学中,话语提供了一系列的概念化,但是我们对它们的使用
却受到更多的限制。我们不仅仅接受我们可以获得的实践/话语以及
与之相关的想法,也可以把自己安置（或"定位"）在那张概念地图上。
福柯给出了一个例子,他描述了 19 世纪后期,"同性恋"的概念是如何
形成的。当然,在那之前就有男性与其他男性发生性关系,但此时,通
过医学、道德和法律的讨论产生了一种特殊的理解（同性恋）。然后这
些人被定位为"同性恋",并且在 20 世纪的大部分时间里都被视为"病
态的"、非法的、应受惩罚的等。这样的话语意味着我们扮演了概念所
定义的角色,并且我们用这些术语来思考自己。这些话语角色（父母、
罪犯、青少年、警察、男性、教师、儿童、名人、博主、受害者等）被称为"主
体定位",并且它们促成了一些事（如在话语心理学中）,但同时它们也
在限制和定义一些事。我们采用这些主体定位,并从它们身上创造
我们的身份或自我。主体定位不仅为我们提供了使用话语进行辩论
和讨论的方式,而且在采用它们时,我们也限制了我们的行为（话语
和其他方面）。

2. 权力。

话语限制了我们,从这个意义上说,话语具有权力。但是它们也有
积极的力量,不只是控制、阻止、压制、审查或隐藏,它们也可以创造;通
过产生现实,它创造了对象领域和真相仪式（rituals of truth）。福柯谈
论"权力/知识"这样的术语,它们既能允许也能限制社会实践,例如,医
学术语中关于性的话语结构为处理性问题提供了新的方法,但也导致
了医疗控制。

3. 主流话语。

有些话语比其他话语更强大,它们特别优待那些使现有的权力关
系和社会结构合法化的社会现实版本。有些话语（通常还是这些话语）
是如此根深蒂固,很难看出它们如何受到挑战,它们成为"常识"或"理
所当然",就像它们所提供的主体定位一样。有些人称之为"意识形
态",因为它们似乎无所不能,但是话语不是永恒的,它们来来往往,用
福柯的话说,它们有历史或家谱。所以备选项总是可能的,虽然不容易
建立。主流话语总是存在反话语的可能性,或者说存在多重话语的可

能性。因此,以上面提到的同性恋的主体定位的例子来说,虽然在 20
世纪的大部分时间里,同性恋被视为"病态的"、非法的、应受惩罚的等,
但至少在 21 世纪的世界的一些地区,这种论述已经被性多样性和同性
恋权利所取代。主流话语之间的冲突已被用来解释某些社会情况。例
如,沃克丁等人(Walkerdine,1991)分析了由于其女性(可能是性别歧
视者的评论对象)和好老师(重视儿童的自由表达)的主体定位之间的
冲突,一位女教师无法对付叛逆和性别歧视的学生。

4. 机构和制度。

话语不仅仅是说话和写作的方式,它们也与制度实践密切相关。
这是组织、调节和管理社会生活的方式,反映并支持了话语。它们包括
各种制度,如家庭、警察、医学、精神科护理,甚至包括这些制度发挥作
用的建筑物,比如医院和监狱。在这方面,批判话语分析远远超出了话
语心理学对语言使用的限制,它使过去用于解释话语行为的实践纳入
了一系列额外话语现象,尽管这些现象是由主流话语所定义的。例如,
在医学话语中被定位为"病人",就意味着自己的身体成为医生和护士
合法旨趣(interest)的对象,并且在治疗过程中可能被暴露、触摸和侵
犯,作为医学实践的一部分,它们通常在医院或诊室等特殊的场所
发生。

做批判话语分析(CDA)

我之前说过,话语心理学可以在分析中引入对话语实践的敏感性,
批判话语分析也可以这样做。然而,批判话语分析所调查的话语资源,
明显比话语心理学所分析的会话和话语资源要丰富得多。至关重要的
是,批判话语分析包括一系列印刷和记录的文本以及视觉图像,这些图
像构成了我们遇到的并在其中占据主体定位的话语的关键部分。这意
味着如果你在分析中使用批判话语分析,你需要考虑在收集任何访谈
或观察资料的同时,广泛收集文档。通常,批判话语分析者会指出需要
建立一个语料库,也就是说,一个涵盖你正在调查的话语的广泛表象的
文本、文档、图像、视频等的集合。通常,下一步是定义从这个语料库中

选择关键文档的一些方法，或者因为它们是典型的，或者是因为它们构成了你正在调查的主题中的关键案例和话语类型。

随着数字媒体在过去几十年的发展，创建语料库并从中选择已成为一项艰巨的任务，尤其是如果你需要涵盖社交媒体的文本和图像。幸运的是，还有一些方法可以使用创建它的数字技术来改进语料库中选择的过程。例如，你可以使用简单的搜索工具来查找关键表述，它们确定了你需要的文档类型（第9章将讨论如何操作）。例如，假设你被要求进行一项关于肥胖的社会研究，你也许会采访那些肥胖的人（或者曾经肥胖的人），也可以从参加过减肥观察会议或者通过运动锻炼减肥的人那里得到一些观察资料。你可以对这些资料进行批判话语分析，但除此之外，在媒体、科学/医学文献、社交网站、压力集团、自助团体和激进团体的资料中，你还会发现大量与肥胖相关的社会研究的文本和图像材料。这些材料中将会有与肥胖的医学概念、道德/政治话语以及为自己负责的哲学话语有关的主流话语。但也可能存在相反的话语，例如，与随心所欲地打扮的权利有关，或者与反抗时尚界对苗条的关注有关。

帕克（Parker，2003）提出了批判话语分析的20个阶段。其中许多与本章和最后一章所讨论的类似。但是，其中也有几个独特的步骤：

1. 寻找话语之间的关系。这些结构可能是相互矛盾的，它们也将处于历史和文化背景中，因此需要研究这些历史和文化差异，并询问话语是如何产生的。

2. 了解如何使用不同的结构。谁或者什么事物能从这个特定的主体定位上获利（或受损）？他们可能通过将责任归咎于自己或其他人，或者强调某人的贡献，或者否认责任来这样做。

3. 系统地检查主体定位。确定话语提供了哪些人或活动的类别或类型，人们可以自己接受或将其分配给他人。确定这些使哪些行动成为可能或被禁止。

4. 了解话语是如何支持制度和再现权力关系的。你需要采取道德或政治立场来评估得失。采取什么道德或政治立场取决于你，但没有这样的立场，你就不能批判，因而也就无法进行批判话语分析。

本章要点

● 对叙事、传记和话语的分析为质性研究增加了新的维度。它不仅关注人们所说的话以及他们所描述的事情和事件，还关注他们如何表达，他们为什么这么说，以及他们感受和体验到了什么。因此，叙事使我们能够分享受访者经验的意义，并给他们一个发声的机会，以便我们了解他们是如何体验生活的。话语使我们能够深入了解语言与社会行为之间的关系。

● 人们在访谈、讨论、焦点小组和普通对话中自然地产生叙事和故事。他们这样做是出于各种原因，部分原因是故事的修辞和说服功能，部分原因是经验会通过桥段——将它按时间顺序排列——而变得有意义。叙事还具有社会功能，它作为一种分享智慧的方式，提供了如何行为的准则。

● 人们在传记中确定了关键人物和关键事件，这些往往是转折点或顿悟。它们包括各种各样的主题，其中一些主题，如归属、远离、职业和与他人的关系，是非常常见的。

● 叙事的实用分析包括对故事的仔细阅读。如上一章所述，你可以使用主题方法并将它们编码。然而，撰写故事的备忘录和摘要也是分析的重要部分。不同人群的叙事可以进行逐个案比较。

● 叙事也具有部分地反映情节如何前进或倒退的结构。情节的主要例子是传奇故事、喜剧、悲剧和讽刺剧。较短的情节或故事也具有结构，可以突出叙事的评价和情感方面。

● 话语心理学使我们详细了解人们谈话时所做的事。他们通常同时做几件事，目的都是实现某个行为。例如，确保人们不认为他们是自利的，或者他们超出其权利范围，要求他人做某事。

● 批判话语分析使我们能够以批判性的角度看待话语提供给人们的主体定位，以及这些话语如何限制却又促成人的行为。我们也可以识别出占主流地位的话语，这些话语通常被视作谈论事物的理所当然的方式,它们可能嵌在那些对我们的生活拥有权力的各种机构和制度中。

拓展阅读

以下作者更详细地探讨了叙事和话语分析的问题:

Brinkmann, S. and Kvale, S.(2018) *Doing Interviews*(Book 2 of *The SAGE Qualitative Research Kit*, 2nd ed.). London: Sage.

Daiute, C. and Lightfoot, C.(eds)(2004) *Narrative Analysis: Studying the Development of Individuals in Society*. Thousand Oaks, CA: Sage.

Paul, G.J.(2011) *How to Do Discourse Analysis: A Toolkit*. London: Routledge.

Plummer, K.(2001) *Documents of Life 2: An Invitation to a Critical Humanism*. London: Sage.

Rapley, T.(2018) *Doing Conversation, Discourse and Document Analysis*(Book 7 of *The SAGE Qualitative Research Kit*, 2nd ed.). London: Sage.

Riessman, C.K.(1993) *Narrative Analysis*. Newbury Park, CA and London: Sage.

Wodak, R. and Krzyzanowski, M.(eds)(2008) *Qualitative Discourse Analysis in the Social Sciences*. Basingstoke: Palgrave Macmillan.

6 比较分析

主要内容

  编码层次

  比较

  模型

  发展理论和解释

学习目标

  阅读本章后,你应该能够:

  ● 理解一旦你创建了几个代码,就可以开始把它们分层次组织起来;

  ● 知道区分层次既是一项实用的活动,也是一项分析性活动;

  ● 知道这有助于比较,特别是使用表格;

  ● 了解表格是进行逐个案比较、代码对代码比较和按时间顺序比较的好方法;

  ● 了解通过比较,可以更深入地了解你的资料、创建类型并开发模型;

  ● 了解一些可以帮助你发展关于资料的新理论的策略。

编码层次

  按照我在第4章中所述,对代码进行分组后,将它们安排到编码层次（coding hierarchy）中仅需要一小步。相似类型的代码或关于相同事物的代码聚集在层次结构的相同分支下，就像同父同母的兄弟姐妹一样。要了解用于表示层次结构的各个部分的术语，请查看专栏6.1。将代码重新排列成层次结构，需要考虑正在被编码的是什么类型的东西以及什么问题正在被回答。

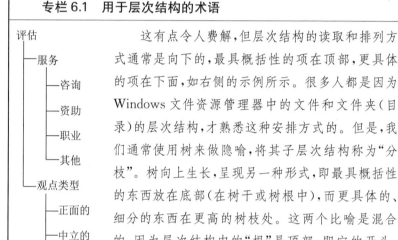

专栏 6.1　用于层次结构的术语

这有点令人费解，但层次结构的读取和排列方式通常是向下的，最具概括性的项在顶部，更具体的项在下面，如右侧的示例所示。很多人都是因为Windows文件资源管理器中的文件和文件夹（目录）的层次结构，才熟悉这种安排方式的。但是，我们通常使用树来做隐喻，将其子层次结构称为"分枝"。树向上生长，呈现另一种形式，即最具概括性的东西放在底部（在树干或树根中），而更具体的、细分的东西在更高的树枝处。这两个比喻是混合的，因为层次结构中的"根"是顶部，即它的开头。因此，示例中的代码"评估"是根，位于层次结构的顶部。

在层次结构中，我们经常需要指涉同一分支中的代码之间的关系。为此，我们使用家庭关系的语言。最具概括性的代码被称为"父代码"，而在其下面（在单独的分支中）的代码被称为"子代码"。层次结构中共享同一父代码的，被称为"兄弟代码"。因此，"评估"是父代码，在它的下面"服务"和"观点类型"是兄弟代码。"咨询"和"职业"是兄弟代码，也是"服务"的子代码。

分支还可以再细分为子分支以指示不同类型的事物。例如，斯特劳斯和科尔宾（Strauss and Corbin，1998）指出，开放编码——编码的早期阶段——的核心部分是识别代码的属性和维度。例如，在第4章中,用编码一个无家可归的人萨姆的访谈为例,我建议代码可以分属几个标题,其中包括"关系-结束"。一些代码与结束的原因有关,另一些与关系破裂时的行为有关,还有一些与关系破裂的后果有关。这表明"关系-结束"应有三个子分支,分别是"关系破裂的原因""关系破裂的行为"和"关系破裂的后果"。将现有代码放在这些父代码下面,可以得出图 6.1 中的子层次结构。我省略了一个代码,"关系是问题",因为这与关系结束无关,而且可能应该独立构成一个分支,作为"关系-结束"的兄弟代码。表 6.1 列出了有助于构建代码层次结构的更多想法。

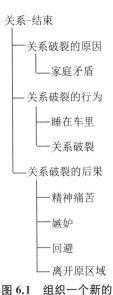

图 6.1　组织一个新的子层次结构

表 6.1　代码层次结构中的父级和子级之间可能存在的概念关系类型

1. ……的类型、类属或维度

2. 是由……造成的

3. 影响或约束了……

4. 此地发生了……

5. 在此时/此阶段发生了……

6. 在……之前/之后

7. 解释了……

8. 是……的结果

9. ……是由这些类型的人完成的

10. 给定了……理由

11. ……期间

12. 关于……的态度

13. 是……的策略

14. 是关于……概念的例子

资料来源:改编自 Gibbs,2002,p.139。

代码层次结构的功能

将代码整理到层次结构中有几个好处。

1. 它使研究保持整洁。随着分析的进行，你可能会生成大量代码。最初，大多数要素只是形成一个列表，但有些要素可能处于一个层次结构中，也许是因为它们来自某个最初的理论观点，但是一长列代码并没有多大帮助，因此，将它们移动到可以更清楚地看到它们的关系的层次结构中是有意义的。

2. 它本身就可以构成对资料的分析。在对回应进行类属化的过程中，你可以了解受访者对世界的看法。例如，在图 6.1 所示的子层次结构中，你不仅可以看到关系的结束对萨姆来说很重要，还可以看到，他认为这些事件是由"家庭矛盾"引起的，并导致了各种不良后果，包括痛苦和无家可归。当然，其他人可能不会以这种方式看待事情，将这些观点与其他受访者表达的观点进行比较非常重要。如果他们提出了独特的问题，则应扩展层次结构以包括用于讨论的代码。

3. 防止代码重复。在你拥有大量代码的情况下，尤其可能发生这种情况。层次结构使你可以更轻松地发现此类重复项，通常它们可以组合进一个代码。

4. 帮助你了解事物发生的可能性（行动、回应、意义等）。这遵循扎根理论中的思想，即代码或主题具有维度。见专栏 6.2。

5. 使得某些类型的分析性问题成为可能，比如以某种方式执行 X 动作（以某种方式谈论它）的人也执行 Y 动作吗？以某种方式执行 X（即用此代码的子代码编码）的人的特性[**属性**（attributes）]是否与用其他方式执行 X 的人的特性不同？这些问题会引导你对案例中的主题和思想模式提出疑问，并考察案例之间的不同模式。我将在本章后续部分中对比较机制进行讨论。

专栏 6.2 思考代码的属性和维度

斯特劳斯建议在开放式编码过程中要"快速移动到与给定单词、短语等相关的维度上"(Strauss，1987，p.30)。"维度"指那些可以在连续体上呈现的特性。例如，颜色具有诸如色相、色调、色度和强度等属性，而色度具有诸如暗、亮等维度。典型的维度包括频率、持续时间、范围、强度、数量和方式。这意味着，当你构建一个新代码时，需要考虑它所代表的东西可能出现、发生改变、影响人们或具有不同类型等的方式。使用表6.1中的列表来思考它可能是什么代码的子代码，或者什么代码可能是它的兄弟代码。例如，在图6.1中，代码"关系破裂的原因"目前只有一个子代码"家庭矛盾"。考虑分手的原因可能会使你想到其他原因，比如债务、不忠、不和、想要孩子、换工作等。可以尝试将这些代码添加到层次结构中，并且可以研究余剩资料，以查看此受访者或情境与其他受访者或情境中是否存在可以编码为新的子代码的例子。以这种方式思考可能会产生右侧的扩展了的层次结构。出于说明的目的，这些代码描述性很强，但没有理由不对更多的理论性或分析性代码进行类似的思考。

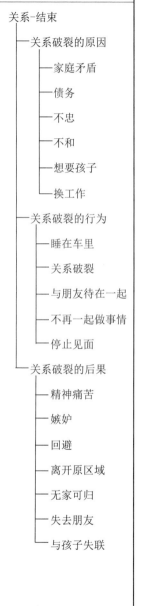

关系-结束

关系破裂的原因
- 家庭矛盾
- 债务
- 不忠
- 不和
- 想要孩子
- 换工作

关系破裂的行为
- 睡在车里
- 关系破裂
- 与朋友待在一起
- 不再一起做事情
- 停止见面

关系破裂的后果
- 精神痛苦
- 嫉妒
- 回避
- 离开原区域
- 无家可归
- 失去朋友
- 与孩子失联

编码和创建编码层次的风险

我刚才描述的创建代码层次的一个缺点是，你需要返回到你的转录稿以确保你的新代码始终适用于你的所有资料。出于这个原因，在编码过程的早期进行这种层次结构的创建，尤其是新代码的创建是个好的做法。

从专栏 6.2 中的示例中可以看到，即使是在一个相当小的分析部分中，也很容易获得大量的代码。此外，编码层次可能变得越来越复杂（即分支中包含许多代的代码）。如果你使用的软件支持这样的层次结构，这不是问题。然而，如果你使用的软件没有这样的支持，或者如果你正在手动进行分析，那么这么大的编码层次结构将变得难以处理。在这种情况下，你可以做以下事情。

● 尝试将你的代码转换为更具分析性和理论性的代码（按照我在第 4 章中讨论的方式），从而减少代码数量。这将使你摆脱描述性代码，后者通常是代码和代码层次激增的原因之一。例如，在专栏 6.2 的层次结构中，你可以将有关关系破裂的原因的代码聚集到一组较小的类别中。例如，你可以用名为"情绪问题"和"经济问题"的两个代码替换所有子代码。你在这里做的是构建一个原因类型学。不要随随便便这么做。类型学包含隐含的理论或分析视角。在关系破裂的原因中，你打算只分为两种类型：主要是情绪的原因和主要是经济的原因。然而，类型学在你的分析中可能有用，因为它可能会把资料中的其他差异和变化联系起来。例如，你可能会发现无家可归事件往往与分开后的经济原因有关。（另见本章后续部分对类型学的讨论。）

● 保持层次结构的浅显性。将大部分列表保持在两个级别（如果无法避免，则为三个级别）即可。这可能需要对代码进行一些重新命名，以便消减级别。例如，专栏 6.2 中的三级层次结构可以通过消除根节点"关系-结束"并重新命名其三个子代码"关系破裂的原因""关系破裂的行为""关系破裂的后果"以减少到两个级别。请注意，这并不是特别整洁，如果你使用的软件可以轻松处理多个级别，我不建议以这种方式来减少层级。

比较

　　新手研究者经常在这一环节放弃分析，确定了转录稿中主要主题及其子类别后，他们就不再进一步了。他们已经确定了"发生了什么"，就觉得足够了。这方面的一个明显迹象是，报告中关于研究发现的章节结构与代码簿结构相同，通常按照主干编排各个部分，甚至文章各部分的名称也对应着代码名称。写作通常只是所编码的资料的一个简单概要，并带有一些引用来表明摘要的准确性。这样做可以清楚地描述研究中已经发现的内容，但是在资料处理方面仍然有很多可以做并且应该做的工作。特别是我们可以寻找模式、进行比较、产生解释并建立模型。对于所有这些，编码层次结构及被编码的文本只是一个起点。

　　正如我在第 4 章中所建议的，使用编码分析资料时的一项关键活动是检索所有用相同代码编码的内容。如果你使用软件来协助分析，这是一件非常容易的事情——通常双击即可。如果你正在手动进行分析并将编码文本保存在文件夹中，则只需检查该代码的文件夹内容。但是，在进行检索时，需要记住一些事项。

　　首先，在检索之后，你将看到的是你已编码到该特定代码中的文本（或其他资料），所以你已经失去了大部分上下文。例如，如果你对一个单词或短语进行了编码，那么你将检索到的就只有这些单词或短语，并且你几乎肯定需要回到完整的文本来理解该单词或短语的意义。同样，如果你使用软件来帮助你，这是一件相当容易的事情（尽管反复这样做可能会打断你的分析思路）。如果你手动进行分析，那么这通常是非常耗时的事情。（因此第 4 章建议对摘录做标记。）在这种情况下，对更大的资料块进行编码是有意义的，这样你在检索时就可以看到它的意义和上下文。关于编码的"块"的大小，没有简单的指南。几个句子通常是一种折中的方式，一些研究者会对整个段落进行编码。这里有一个权衡，较大的编码块可以让你更有机会查看上下文，但可能会有更多与代码无关的材料，并且可能使你难以发现最初让你给它加上这个代码的关键问题。当然，如果你一直使用逐行编码，那么你的编码检索将非常短，甚至不是完整的句子。出于这个原因，返回并将编码扩展到更大的资料块通常是有意义的，尽管如果你进行了大量的逐行编码，这可能会是大量工作。

在进行检索时要记住的第二件事是检查编码质量。特别是，你可以看到在代码的应用过程中是否保持一致。在分析的后期你将倾向于进行此类检索，同时你可能已经对编码内容形成了自己的想法并修改了编码方案本身。因此，现在有机会确保你实际编码的内容有意义，并且在必要时，将你不再认为相关的资料解除编码或将其重新编码为其他内容，这也是检查你编写的代码的所有定义是否仍能准确捕获所编码资料的含义和意义的好时机。由于这可能是你第一次整体查看所有的编码资料，所以这也许是撰写备忘录的好时机，或许可以总结一下你的发现，并记录你对它的诠释和分析发展可能有的任何直觉。

第三点，也可能是最重要的一点是，在完成检索时要考虑的事情是仔细查看资料的模式，并尝试为这些模式提供解释。例如，我们可以通过检索到的编码资料，来查找事物之间的不同与相似的地方，并解释为什么存在变化以及为什么没有变化。正如卡麦兹和米切尔所说，

> 编码提供了用于在如下事项之间进行比较的简化合成：
>
> 1. 不同的人、对象、场景或事件（例如，成员的情况、行为、描述或经验）。
>
> 2. 来自相同人物、场景、对象或事件类型的资料（例如，在不同时间点上成为不同的个体）。
>
> 3. 意外的事件。

(Charmaz and Mitchell，2001，p.165)

你可能发现的一种模式是检索资料的差异和类属。正如上一节所讨论的，这种证据可能表明你可以构建一组子代码。你可能希望找到的另一种模式，也是那种能够推动你的分析性思考向前推展的模式，那就是检索资料（其中一些可能是潜在的子代码）的不同类型或类属，它

们似乎与你的项目中的其他现象相关联。这些不同现象可能源于不同类型的受访者,或者是事情发生的不同环境,或者是资料编码之前或之后的其他事件或活动。要在编码文本与你的案例之间寻找一个关键联系,不管这些联系是人、地方还是事件,等等。例如,在对刚刚开始跑步(为了保持健康或者减肥)的人的研究中,你可能已经发展了一个名为"加入俱乐部"的代码,所编码的内容是人们谈论加入俱乐部的想法,或者是随俱乐部一起开始跑步的经历。在检索和检查所有编码为"加入俱乐部"的资料时,你会注意到人物报告的某些期望和经验与那些参加了某些俱乐部的案例(人物)之间似乎存在关联。

已经识别出潜在的模式之后,接下来就是试图弄清楚这种模式产生的原因,例如,为什么这些人在这些情况下倾向于做或说这些事情?有时,原因可能很明显,只有年长的人在做这些事情或以这种方式说话,并且你已经知道为什么会这样(或者至少你知道为什么年纪大了会产生这样的差异)。在新人跑者研究的例子中,也许这种联系的产生是因为俱乐部以不同的方式运作,因此人们所报告的经验是不同的;或者俱乐部可能有不同的设施和活动,这会引起受访者的不同期望;又或者是不同的俱乐部以不同的精神或宗旨经营,这就是为什么参与者对"加入俱乐部"有不同的看法。这些模式和联系可以引起关于正在发生的事情的许多不同的直觉或假设,当你研究这些想法时,你将可以对你研究中发生的事情进行更丰富、更细微和更复杂的解释。

进行此类比较的一个好方法是使用表格。表格通常用于定量分析,常见的是交叉表,它们的单元格中包含计数或百分比,通常有行和列的总计。它们是在数据集的不同子组之间以及在个体的不同属性之间进行比较的便捷方式。质性分析中使用表格进行类似的比较,但它们包含的是文本而不是数字,因此没有行和列的总计。质性表格是一种可以显示整个资料集中的文本,使系统比较更为容易的便捷方式。

创建这样的表格需要检索已编码的文本,并将文本放入表格的单元格中,或者更经常地是将文本摘要放在表格的单元格中。表 6.2 显示了一个非常简单的例子。这里的行是两个案例,每个案例都是研究中的受访者。这里的列是所使用的两个代码,一个代表人们所说的关于他们和什么样的人交朋友的内容（谁是朋友），另一个代码所编码的文本是他们所谈论的他们的家庭情况（家庭状况）。这些单元格简要概述了受访者所说的与这两个代码相关的内容，其中还包括一个案例中受访者自己的短语引用。

表 6.2　质性表格示例:朋友和家庭

	谁是朋友	家庭情况
约翰 (John)	许多工作上的朋友，一个邻居，保持联系的前同事，一些来自学生时代的朋友。	和妻子、两个孩子(一个 6 岁男孩和一个 3 岁男孩)住在一起。在 12 英里外工作，全职，开车上下班。
琼 (June)	主要住在村里，邻居、一些老同学。"一起去体育俱乐部的女人们。"	离婚，独自生活。没有孩子。没有工作。

表 6.2 是一个非常简单的例子。实际上，在一个项目中，你可能会有数十个代码和十多个案例（或受访者），因此表格会更大。可以使用表格工具在文字处理器中画这样的表。将页面设置更改为横向，并使用较窄的边距和较小的字体以记录更多的内容。拥有一个大屏幕有助于这样做，如果你使用的是笔和纸，请尝试在一大张纸（如白板纸）上进行。保持单元格大小一致，即行高彼此相同，列宽也大致相同。

使用如表 6.2 的表格，特别是较大的表格，你可以通过两种方式进行比较。你可以通过查看一列下面单元格中的文本来比较，并将其与一列或多列下面单元格中的文本进行比较。或者你可以比较各行，查看一行中的文本，并将其与另一行或多行中的对应文本进行比较。使用这些比较来寻找差异并找到关联。例如：

● 这类人的行为方式往往与其他人的行为方式不同；

● 在这种情况下的人会有这种感觉，而没有经历过的人没有这种感觉；

● 过去有过某些经历的人与那些没有这种经历的人谈论这类事情的方式不同。

通过检查单元格的内容，并在必要时返回原始文本进行检索，你可以开始解释你发现的差异和关联。

例如,比较表 6.2 中的行,我们可以看到约翰和琼在其家庭情况和拥有的朋友类型方面的差异显著。仅有两种情况时,对列进行的比较是有限的,然而,看看表 6.2,你可能会开始怀疑约翰和琼的家庭情况和他们拥有的朋友类型之间是否存在相关。

单元格可以包含什么?

单元格可以包含各种各样的内容。最明显的是从编码文本中直接引用受访者的话语。但是,这很少有用,因为话语的长度会使表格太大而且不实用。此外,文本太多意味着很难实现表格的目的,即进行单元格间的比较。在大多数情况下,最好对受访者所说的内容进行截取,并且只包括简短、突出或有代表性的引用。因此,最常见的是,单元格包含你的摘要或用你自己的话来说明编码文本中的内容。这有一个额外的好处:它迫使你思考文本的内容并开始认识到它的重要意义。总结一下,尽量保留受访者的语言。诀窍是使摘要足够长,以保留原始单词的丰富性,但同时又足够短,以适应单元格,并确保你不会陷入原始文本的细节。你可以使用缩写和惯用语,但如果你在团队中工作,请确保团队成员已就这些缩写和惯用语达成共识。不要从转录稿中引用很长的话,只要指出其中有一段展现要点的、生动的段落,并用符号说明这一点即可。把对转录稿(带页码)的交叉引用也包含进去,以便你可以找到它。表 6.3 总结了各种选项。

表 6.3　放入表格单元格的内容

可能的单元格内容	例　　子
简短的直接引用,从书面实地笔记中提取	糟糕的经历。"你独自一人且情绪低落,是因为你总是在想事情,而且你的头脑总是混乱不堪。"
总结、释义或摘要	不想"指望别人",留在别人家里。无家可归——你没有房子或任何安全的住所。
研究者的解释或类属	专注于个性化的解释(运气不好、关系破裂),而不是结构性解释(失业、贫困、监狱记录)。

（续表）

可能的单元格内容	例　　子
评价或总结判断	自责程度——高。 培训水平——低。
上述内容的结合	"我不知道该怎么去问别人，这还不够公开……要不是医院把我带到这里（无家可归者收容所），告诉我怎么到这里，我就不知道该怎么办了。我会再一次无家可归。" 缺乏安家的技能/信息。（📖 Sam，p.5）

资料来源：改编自 Miles and Huberman，1994，p.241。

　　如前一章所言，如果你想在叙事性叙述之间进行比较，这种重写尤为重要。如果你有叙事的编码元素或特征，那么只需按照我上面建议的方式进行总结。然而，为了使用表格来分析叙事，你不需要对叙事进行编码。例如，如果你通过重新表达和总结故事开始分析，尝试突出显示关键叙事元素，那么你可以在表格中使用此文本。通过这种方式，你可以使用表格来帮助你比较常见的叙事元素，例如不同叙事中提及的童年经历或对顿悟的识别。

　　对于许多叙事分析者来说，这种比较至少是可疑的，如果不是无关紧要的话。对于他们来说，叙事分析中的重点在于识别个案的独特性，并以整体的方式将故事的元素联系起来，以便理解叙事者如何体验世界。将文本，甚至是对文本的重新表达放入表中，会破坏故事情节并趋向于使故事元素脱离语境。然而，我看不出有什么理由不能把具体而全面的叙事性说明与逐个案比较相结合。毕竟，我们也许会对不同的人讲述不同的故事感兴趣。每个故事都可能告诉我们一些关于叙事者的事情，但是我们依然能够回答这样的问题：为什么故事是不同的，故事的种类与被叙述的事件和经验是否有任何关系？

逐个案比较

　　表格的常见用途是便于进行跨案例比较（cross-case comparisons）。

案例可以是各种各样的事情,大多是受访者或受访者群体,如家庭,这是在叙事研究和/或项目中使用了访谈的情况。但案例也可以是研究中调查的场景或环境(如体育俱乐部、公司部门、邮轮、医生的手术室和商店)、事件(如足球比赛、议会选举、婚礼、工作面试和音乐会)或活动(如买房、吃饭、旅行、学习开车和去俱乐部)。在这些例子中,你可能会发现每个案例的文本来自各种来源,包括访谈、人群志笔记、观察和收集到的文件。无论类型为何,要比较的案例都应属于同一类型(例如受访者、家庭、婚礼或商店)。不过,你可以先比较受访者,然后比较资料和不同表格中的其他选择,例如他们参与的关键事件。

举例来说,表6.4比较了三名失智症患者的护理者。第一列给出了护理者的名字,第二列给出了一些简短的个人简历。在列中包含每个个案的详细信息通常很有帮助。如果你要比较的个案不是受访者,而是组织,则应在此列中包含对它们的简要描述。第三列和第四列包含护理者对护理的态度以及他们与其他护理者联系的资料,这些资料取自带有这两个代码的文本,这些单元格既包含了选定的有代表性的引用,也包含了研究者的总结。

表6.4 案例之间的比较示例

	个人传记	对护理的态度	与其他护理者的联系
巴里	照顾妻子贝丽尔。韦斯特化工公司会计,现在退休了。一起生活。	没有间断的照顾。"我喜欢她在家。"没有放弃太多(除了假期),适应生活的活动。"我喜欢看她穿着得体,保持整洁。"	频繁的。"十字路口"的常规护理者(周四上午)。周二和周四日间护理。每周二上午去阿尔茨海默病协会。
帕姆(Pam)	照顾母亲丹尼斯(Denis)(1978年离婚)。丹尼斯住在奶奶公寓里。和丈夫和儿子住在一起(儿子17岁)。全职老师。	照顾并不难。"因为她脾气很平和。"詹姆斯(James)(儿子)有时会帮忙。担心丹尼斯去新的日护中心时会不会无法安顿下来。"但是她已经安顿得最好了。"	有规律的。几乎大多数周二上午去阿尔茨海默病协会,在那里有一些很好的联系人。周三日间护理。"十字路口"的常规护理员(周一上午和周五下午)。

（续表）

	个人传记	对护理的态度	与其他护理者的联系
贾尼丝 (Janice)	照顾父亲比尔(Bill)（妻子1987年去世）。住在同一所房子里，由父亲拥有。在书店兼职。	偶尔临时护理。当父亲去"流浪"时感到沮丧。贾尼丝想念和朋友一起散步的小山。"我们看电视太多了。"	偶尔的。 每周三日间护理。三年里去过两次阿尔茨海默病协会帮忙。不认识其他护理者。

　　表6.4非常小，这样它才能放进这个页面，而且它只是一个说明。通常情况下，对于研究中的所有受访者，这类表格都会包含更多的行和更多的列。即便你只有一个中等大小的代码列表，你也没有足够的列放下这些代码。你需要选择适当的代码子组，并为每个子组创建一个表格。在每个表中都放进"个人传记"这一列。典型的子组包括编码层次的单个分支中的兄弟代码，或你认为可能以其他方式相关的代码组。

　　像这样将资料排列在表中，使得逐个案比较变得容易，只要将一行中的单元格与另一行中的单元格进行比较。通过查找个案之间的差异和相似性，并通过与传记列中的资料进行比较，你应该能够建立一些模式。某些类型的案例往往与某些类型的编码有关。这些表也可用于比较列。一种方法是将单元格中的文本分组，从而生成子类型的类属。重新将行进行排序，在这里是有帮助的。参见专栏6.3。通过跨行查看，可以看出此分类是否与其他列中的任何模式相关联。

专栏6.3　部分排序的情况

　　迈尔斯和休伯曼建议，通常可以在表格中对个案进行部分排序(Miles and Huberman, 1994, pp.177—186)。如果你已经将概念进行维度化，这将是特别合适的。参见专栏6.2。例如，表6.4中的最后一列"与其他护理者的联系"，可能会根据联系的密切程度来排序，我在每个单元格的开头都用了一个词来表示这一点。然后，你可以对表中的行重新排序，以便该列按升序（或降序）排列，并将具有相同

联系密切程度的所有行放在一起。如果你正在使用文字处理器,那么请在此列上使用排序来重新将表中的所有行进行排序(例如,在Microsoft Word中,选择包括列标题的整个表,然后单击菜单"表:排序"或功能区"布局:排序",在对话框中,从下拉菜单中选择要排序的列,然后单击"确定")。或者,在文字处理器中使用剪切和粘贴来上下移动整个行。此列中具有相同维度的行现在将被分组在一起。现在查看其他列,看看其中是否出现了与你创建的分组匹配的模式。如果出现了,那么这可能是两个代码之间关系的初步证据。例如,在表6.4的例子中,你可能希望找到人们对护理态度和他们与其他护理者、护理组织联系的程度之间的关系。对失智症患者的成功护理由积极的护理态度体现,似乎与通过定期接触支持团体来消除护理者的社会孤立有关。

类型学

使用逐个案比较可以帮助你构建资料的一些关键类型。类型学是一种对事物进行分类的方法,它可以是多维度的,也可以是多因素的。换句话说,它可能基于两种(或更多)截然不同的事物类属。我在本章前面部分提出了一个简单的例子,讨论减少有关关系破裂原因的代码数量。在这种情况下,类型学是通过检查代码的维度来发展的,它所应用的个案是事件(关系破裂)而不是受访者。类型学的关键属性是它能划分所有的个案,从而将每个个案分配给唯一一个类型。类型学是有用的分析和解释工具,但并非每项研究都会产生类型学。但是,如果使用得当,它们可以帮助解释资料中的关键差异。

里奇等人(Ritchie et al., 2003)讨论了一个基于父母与成年子女学习困难的研究例子。这项研究探究了子女继续与父母住在一起的原因,并基于他们对需要考虑其他安排的认识和可能的立即行动,提出了如下四种父母类型。

● 逃避者：他们认为子女永远不需要"离家"，并认为他们的子女将永远得到照顾。

● 延迟者：他们承认必须在某一阶段采取行动，但认为目前还为时过早或太困难。

● 辩论者：在采取行动的必要性和实施变革的（那种）困难之间感到挣扎的人，但是（正在）试图开始这一进程。

● 行动者：已经采取了一些行动或制定了一项具体计划来为其子女寻找其他生活安排的人。

(Ritchie et al.，2003，p.247)

通过使用上面表 6.4 中的表格来比较编码文本，他们发现逃避者之所以是逃避者，可能是因为他们与子女的分离经验较少。

代码和属性表格

表格的另一个用途是用于跨个案或整个样本比较。在这些表中，内容可以来自整个资料集或来自子样本。通常行和列是代码、类型或属性。属性是个案的一些特性。例如，如果个案是受访者，那么属性可能是他们的性别。如果个案是不同的公司，那么其中一个属性可能是公司的规模。

例如，在一项针对待业的求职者的研究中，受访者采用了不同的求职策略：规律的、随意的或创业的。我们也许想了解女性采用的策略与男性采用的策略相比有何区别，表 6.5 显示了结果。由于不是一个个案一行，因此表中的单元格可能包含从多个个案或受访者那里获取的文本。因此，如果你给出自己的解释，仔细考虑要包含哪些例子以及如何总结它们就更为重要了。你可能需要使单元格比逐个案比较表中的单元格更大。

使用表 6.5 的直接方法是询问性别如何影响求职策略，即比较男性和女性这两列。例如，女性提到照顾孩子，并要配合在职配偶的日程安排，而男性没有。在你决定这是真正的性别差异的证据之前，你需要消除其他的解释。可能还有其他因素可以解释这种差异，那么你需要返回资料来检查这一点。例如,这些女性可能比这些男性年轻,因此更有可能拥有年轻的家庭和在职配偶,或者这只是你如何为表格选择和总结文本的问题。

表 6.5　按性别划分的求职策略

	女　　性	男　　性
规律的	我的日常生活是由育儿要求所决定的[保利娜(Pauline)]。 我每天必定收到报纸[琼(June)]。 我以前经常去"Racetrain",我也加入了求职俱乐部,我保存了一个文件夹,记录了我收到的所有信件[莎伦(Sharon)]。	我常常花上午的时间看报纸,不是买报纸看就是去图书馆看。下午写信到各个地方索取信息或填写申请表,然后晚上再在晚报上重复一遍[吉姆(Jim)]。 整个星期都是一样的模式[哈里(Harry)]。
随意的	不一定,我只是这样做了,事情就发生了[苏珊(Susan)]。不一定,因为我的丈夫是轮班工作[玛丽(Mary)]。	没有例行公事,但我一直很忙,比如——让自己忙碌起来——我有很多园艺工作要做[戴夫(Dave)]。 不一定,我通常下楼去看看,星期一、星期三、星期五,诸如此类[安迪(Andy)]。
创业的	通过朋友与公司建立个人关系[琼(June)]。	我每周花几天时间在一家公司工作。我确保他们知道我在那里[约翰(John)]。

资料来源:Gibbs,2002,p.191。

按时间顺序比较

表格也可用于检查个案内部的关系,表 6.6 对此进行了说明。这里所有的信息都来自一个案例,这是一个患有慢性疾病的人,在这个传记研究中,她分别在三个不同的场合、间隔几个月接受了访谈。表格中的这些行所表达的是人们生活中的重要方面,并且该表格提供了人们关于这些方面的看法如何随时间改变(或不改变)的简单比较。

表 6.6　单个案中的比较示例

	第一次访谈	第二次访谈	第三次访谈
疼痛管理	"起初我担心我可能会用完止痛药。"	"由于止痛药的副作用，我尽量避免服用它。"	"有时我发现困倦比疼痛更好。"
亲属帮助	"我丈夫尽力帮忙，但他从来没怎么烹饪过。"	"弗雷德（Fred）上夜校的烹饪课，我觉得他现在很享受烹饪。"	"如果弗雷德生病了，我不知道我该怎么办，孩子都住得很远。"
独立性	"我想我是如此沉浸于疾病，以至于我不担心能否得到帮助。"	"我发现让弗雷德或其他人帮我搬东西，让我很沮丧。"	"使用新设备，我感觉有控制力得多了。"

资料来源：Gibbs，2002，p.192。

通过阅读每行，你可以按时间顺序进行比较。因此，我们可以看到这位受访者对于服用止痛药的看法如何随着她对它的熟悉而改变。其他行也可以这样做。然而，还可以通过比较表格的上下行来推断出解释。例如，比较第二列、第三列中第二行、第三行的单元格中的文本，我们可以看出，独立性的概念与亲属如何帮助的问题并不是分开的。在一对劳动分工严格的夫妇（"我丈夫……从来没怎么烹饪过"）中，丈夫必须为妻子烹饪，对妻子的依赖感产生了明显的影响。

模型

模型是一个框架，试图根据情况的许多其他方面或要素来解释所研究的现象的关键方面。因此，你可以解释无家可归者所维持的友谊类型，包括它们的功能（情感支持、药物供应商、某些住处、社会活动）或它们的原因（通过在街道、监狱、收容所等地的接触，他们能够适应不频繁的接触、情感需求等）。

以前面描述的方式使用表格时产生的解释，是创建此类模型的基础。正是通过这些比较、关联和解释，才能构建和支持核心模型。以我所描述的方式使用表格表明了,任何模型都是在对资料的仔细研读之后产生的,因此模型将得到资料的紧密支持。从这个意义上说,它们是资料驱动的。

扎根理论中的模型

在第 4 章中,我研究了一些扎根理论者提出的关于编码的早期阶段——开放编码——的建议。在接下来的阶段,也就是斯特劳斯和科尔宾称为"轴向编码"和"选择性编码"的阶段,他们建议你应该将代码组织为一个模型(Strauss and Corbin,1998)。当然,模型必须是基于资料的,并且基本上是从资料中归纳得出的。在改进了编码、重新排列了代码簿并比较了个案之后,斯特劳斯和科尔宾建议创建一个能识别六种类型的代码的模型。表 6.7 列出了这些类型,并附有一个简短的解释和取自一个研究无家可归者的项目的几个例子,其想法是每个元素依次对下一个元素有因果影响。例如,因果条件产生了现象,现象又导致了语境中的策略。它们通过干预条件进行调节,并产生了行动和互动,最终导致了后果。

表 6.7 轴向编码模型的元素

模型元素	说　　明	无家可归者研究中的例子
因果条件	是什么影响着中心现象、事件、意外、所发生之事。	失业,"家庭矛盾",债务,毒品问题,性别认同。
现象	一组行动或互动旨在管理或处理或与该组行动相关的中心思想、事件、意外、所发生之事。	变得无家可归,在没有家的情况下挣扎求生。
策略	用于处理这种现象;有目的的,以目标为导向的。	和朋友生活在一起,生活艰苦,向机构寻求帮助。
背景	事件的地点。	无家可归者收容所,街头文化,临时住所。
干预条件	在特定背景下出现的塑造、促进或约束策略的条件。	毒品,犯罪记录,渴望独立,性行为。

（续表）

模型元素	说　明	无家可归者研究中的例子
行动/互动	旨在管理、处理、执行、应对一系列已知条件下的现象的策略。	个人接触，友谊网络，戒毒中心，慈善机构，乞讨，轻微犯罪，迁移到新的地区。
后果	策略产生的行动或互动的结果。	得到一个家，监狱，医院。

资料来源：改编自 Strauss and Corbin，1998。

　　最后一个阶段是选择性编码，涉及只识别一个看起来像是研究的中心的编码现象或主题。你会认识它们，因为它们与模型的许多其他元素有连接，或者因为它们位于编码层次结构中的高层。你需要选择其中一个作为中心现象，即使你有两个好的备选项，斯特劳斯和科尔宾也建议你只选一个。这通常很难做到。关键是你要围绕中心现象构建一个故事，这个故事汇集了你研究的大部分元素。从无家可归者的研究中浮现出了"变得无家可归"和"作为依赖的无家可归"两个备选。变得无家可归，这很明显不是"一夜之间"发生的事情，而是结合了若干外部（结构）力量与无家可归者的个人决定的过程。然而，一旦无家可归，人们就开始依赖别人（朋友、慈善机构或国家）所提供的住处，如果失业，则依赖别人来维持生计。这显然形成了一种张力，因为许多无家可归者都在努力指出他们是多么地独立以及他们如何不想依赖别人的帮助。"变得无家可归"和"作为依赖的无家可归"都可以是中心现象，但是应该只选择一种，因为它们分别确定了一种非常不同的研究。

　　一旦你选择了你的中心现象，选择性编码就是把它系统地与其他代码联系起来。这可能涉及对其他代码的进一步细化，并需要填充它们的属性和特点。在这个阶段，你所做的许多工作都涉及操作代码：移动代码、创建新代码、合并或分割代码，你此时的大部分活动应该是分析性和理论性的（参见 Flick，2018c，2018d）。

发展理论和解释

　　正如我在本章开头所建议的，一些质性分析的报告并不比以描述性的方式做总结的研究者的发现更为深入，但质性分析可以做的远不止于此。在前面的章节中，我讨论了一些建议，关于使用表格进行比较和模型创建，如何能够识别代码、类属与你所识别的现象之间的许多关系。接下来，你需要一些理论来解释这些关系，也许还要解释你发现的现象的类型。

　　在许多情况下，该理论可能已经存在，先前的研究和分析将解释你所发现的关系，但这并不意味着你的工作毫无意义。这个理论可能是在一个非常不同的背景或学科中发展起来的，而你发现它适用于你的研究背景，这个背景下有你所研究的参与者，而他们生活在你所研究过的环境中，做着你所研究过的事情。因此，你的研究不仅仅是复制，而是真正将现有理论的范围扩展到新的环境和群体当中。但是要找到现有的理论并不容易。如果你幸运的话，你可能已经在研究计划阶段（现有理论可能已经指导了你的研究设计）或者在你的文献综述中遇到它了。如果没有，那么你需要大量的努力和文献搜索的技能来找到已经使用了或发展了该理论的其他研究。

　　但有时候没有理论，或者至少你所知道的那些理论与你在研究中获得的结果不符，或者它们在某些方面未能完全解释你所发现的关联和关系。在这种情况下，你需要发展一种新理论。这是质性分析中最激动人心、最有趣和最有价值的部分，也是最具挑战性和最困难的部分。之所以看起来具有挑战性，一个关键原因是"理论"这个术语看起来令人生畏，因为你认为它是宏伟的、大规模的、普遍的，并且常常是抽象的，而且与你的学科中的大人物有关。但它不一定是这样的。当然，如果你发展了这样一种理论，并且证明它是正确和有用的，那么你最终也会出名。另一方面，许多理论的规模可能比较小，以更局部化的方式应用，并且可能仅限于特定情况。这就是罗伯特·默顿所说的中层理论(Robert Merton，1968)。在这样一个有限的观点下，你似乎只是在提供结果的描述。然而，一种理论不仅仅是对特定事物做出简单描述，它以两种方式实现了更多功能。

首先，它是概念性的，它涉及你的研究中的现象的概念。正是这些概念及其关系使理论能够解释你所发现的关联和关系。例如，在对无家可归者的研究中，我们可能已经应用了表 6.7 中所示的斯特劳斯和科尔宾的模型。我们可能会认识到，无家可归通常是某人生活中的暂时状态，因此我们在这里可能发展的理论主要围绕"过渡"的概念。这一概念的关键思想和解释力使我们专注于人们如何管理他们的情况，以便他们能够实现从无家可归向拥有家庭的过渡。有些人可能很快就能达到这个目标，而对于其他人来说，可能需要数年时间，并且需要处理药物依赖问题，需要为找工作而接受培训并取得更好的资格。无论何种情况，过渡理论都使我们能够集中于人们的能动作用如何应对过渡，以及如何处理他们遇到的所有社会结构因素。

其次，理论不同于描述，因为它可以推广到比你分析的研究范围更广的背景中。因此，通过提出一个关于某事的理论，你声称它不仅适用于你的研究、你的样本、你的环境中的那些人，而且也适用于其他人，适用于不同情况下的类似人群。在提出你的理论时，你应该具体说明它在多大程度上可以应用于你所研究的环境或人群之外。例如，在解释脱离无家可归现象的过渡理论中，我们可能会认为，在其他情况下也可以找到无家可归者应对这一问题的方式，例如成为难民或刑满释放的情况。

发展一个理论的关键挑战是要提出一些新颖的东西。在你的研究中发展一个理论需要你要有创造力，而这是很难做到的，也是大多数人试图避免的事情。一段时间以来，心理学家都知道我们倾向于认知上的放松，也就是说，倾向于熟悉且经常发生的事情。卡尼曼(Kahneman)和特沃斯基(Tversky)所做的决策研究已经对此进行了详尽的研究，卡尼曼在他最近的著作《思考，快与慢》(*Thinking，Fast and Slow*)中总结了这项研究工作(Kahneman，2011)。卡尼曼认为，大多数时候，当我们做出决定(无论大小)时，我们会快速思考。也就是说，我们很快就做到了,没有太多明显的想法,反应也不费吹灰之力。卡尼曼称之为"系统1",或更简单地说,"快思考"。大多数时候,这都很好而且很顺利。但有时,我们必须处理的问题和我们必须做出的决定无法以这种快速的方式解决,然后我们必须做卡尼曼所说的"系统2"或"慢思考"。我们必须为这项任务付出一些努力,经历一些认知压力,这需要付出实际努力,而且不能轻易快速地完成。卡尼曼给出了一个数学例子,如果你被问到"2乘2是多少",那么即使没有太多有意识的思考,答案"4"也会浮现在脑海中,要想停止思考答案"4"几乎是不可能的,这便是快思考。大多数情况下,这就是我们的想法。但如果你被问及"17乘24等于多少",那么你需要更多的时间来给出正确的答案,你必须应用你所学到的各种大数乘法技巧,甚至可能需要写下你的计算式,你可以做到,但是需要付出努力和专注,这就是慢思考。

卡尼曼说问题出现了,因为只要我们可以,我们都会选择快思考,因为这几乎不费吹灰之力。但有时它是不合适的,它会导致我们的答案或决定产生偏见或不准确,我们甚至往往意识不到这些偏见。我认为这种快思考的倾向,解释了我们在进行质性分析时遇到的一些问题。我们既是语言使用者,也是社会科学研究者,这两个因素都会产生与快思考相关的偏见和有限的想法。首先,当我们阅读或倾听我们的资料时,我们必须尝试理解人们所说的内容,这是我们一直在做的事情,而且大部分时间都做得很快,没有太多的思考。我们很快就能理解当中的内容,但有时候,这可能使我们看不到其他被表达或描述的内容。当然,如果我们经常以一种慢思考的方式质疑别人对我们说的话,人们就会认为我们很奇怪,所以理解和诠释别人对我们说的话是快速完成的。这就是质性分析需要通过反复阅读和重新阅读来仔细检查我们的资料的原因之一,我们必须看看是否能发现任何我们没有预料到的东西,任何新的或令人惊讶的东西。其次,我们也是社会科学研究者,我们对社会科学现象及其解释有了充分的了解。因此,当我们试图探索和解释我们的社会科学资料时,我们也会遇到同样的快思考偏见。我们倾向于看到我们已经知道的事情,并且倾向于使用已经熟悉的理论和说明来解释它们。大多数时候这没问题,我们的想法也是适当的,但是这种思考方式很难产生不同的想法和创造性想法，也让人难以想出新的理论和解释。

发展理论的策略

提出新颖的理论并不容易。它要求你具有创造力并应用大量的认知努力来了解哪些方法有效。不幸的是，与"17 乘 24"的情况不同，它不仅仅是遵循一套规则和程序的问题。不出所料，创新没有保险的和直截了当的方式。而幸运的是，有一些发展新思想和理论的策略可能会让你觉得有用。我在第 4 章中谈到关于如何发展编码的扎根理论的建议时提到了一些策略，尽管在这种情况下你应该将它们应用到理论思考而不是编码过程中。也就是说，应用它们来发展或修改你在阅读中遇到的理论。我在第 4 章中讨论的策略包括"翻转技术"，或者说把事情推向极端。也许你遇到的理论涵盖了一定范围或类型的现象，你可以尝试将理论推向其范围的极端，甚至超越其范围。这可能不起作用，这可能是无稽之谈，但它也可能会激发一些关于你在资料中对确定的模式和关联的新思考。第 4 章的第二个想法可能是一个有用的策略，就是"远远比较"。这意味着从另一个领域甚至是另一个学科中获取一个想法、概念或理论，看看它是否会在你的研究项目中产生一些有用的想法和解释。

这两种策略都与布卢默关于在研究中使用敏化概念（sensitizing concepts）的建议非常相似（Blumer，1954）。布卢默将敏化概念与明确概念（definitive concepts）进行了对比。他认为后者不适合质性研究，并且通常会迫使研究者专注于定义和测量问题。另一方面，他认为，敏化概念提供了"一般性的参考和指导意义，以接近经验实例。明确概念提供了我们要去看什么的规定，而敏化概念只是提出了观察的方向"（Blumer，1954，p.7）。这一观点已被那些提倡扎根理论的人采纳。例如，卡麦兹（Charmaz，2014，2015）表明，在研究的设计阶段和分析阶段，敏化概念可能来自现有理论、我们自己的偏见和看法，或来自一系列学科，而这些概念可以提供有助于整体研究问题的想法。但它们只是一个起点,它们并不告诉我们这是什么东西或如何进行解释,而是告诉我们事情是什么样的,它们指出了什么是相关的或重要的,所以它们需要被发展。"翻转技术"和"远远比较"策略可以与敏化概念一起使用来做到这一点。

阿特金森(Atkinson,2013)在对人群志创造力的讨论中,提出了一些发展新理论的策略:倒转(inversions)和字面化(being literal)。倒转意味着把理论视角颠倒过来。他的一个项目研究的是一家歌剧公司的作品,包括他们的歌剧演出。他严肃对待戈夫曼的戏剧比喻(Goffman,1990),即"把日常生活视为戏剧来研究"。但是歌剧公司的作品已经是关于戏剧的,因此阿特金森把戈夫曼的指导倒转过来,并将戏剧作为日常生活来进行研究。这个策略的另一个例子来自一个非常不同的领域,即发展研究领域。一些作者,特别是来自拉丁美洲的作者,想要挑战一种将许多国家(例如拉丁美洲国家)称为"欠发达国家"的主流做法。出于各种原因,这种方法意味着这些国家根本没有像美国和西欧那样,在通往一个完全发达社会的道路上走得很远。这些作者将这一理论转向另一种方式,把"欠发达"用作动词,表明拉丁美洲的国家并没有因发展而一成不变或变化不大,而是转变为一个依附的、从属的和欠发达的国家。欠发达不仅仅是缺乏发展,它实际上是一种状态变化,这些国家处于经济、政治和文化依赖状态。

阿特金森的第二个策略是"字面化"(being literal),他在研究工艺工人,尤其是玻璃吹制工作者的研究中使用过这种策略。传统的工艺学文献是具体的知识,通常是关于训练有素的手艺。因此,阿特金森从字面上具体化,不仅关注手,而且关注整个身体。这让他想到了在工作室的狭小空间里不同工人身体的协调、姿势以及身体的节奏。因此,他将玻璃吹制工作室概念化为编舞场所,并研究了他们的工作如何协调、如何移动以及他们是如何发展身体运动节奏的。

霍华德·贝克尔(Howard Becker,1998)在其著作《交易伎俩》(*Tricks of the Trade*)中讨论了更多此类策略。我最喜欢的是伯尼·贝克(Bernie Beck)的技巧,这甚至不是贝克尔的技巧,因为他解释说,这是他从以前的一位同事那里学来的。第一步是尝试向某人解释你从研究中发现的关键问题,而不提及具体案例。贝克尔基于他自己对芝加哥教师的研究,给出了这样一个例子。

> 这些教师的职业生涯是在芝加哥学校体系内从一所学校转到另一所学校,而不是试图晋升到更高级、薪水更多的职位,或转到其他城市的其他系统。他们在学校体系中的职位之间的变动可以理解为,他们试图找到一所学校,在那里与他们互动的人——学生、家长、校长、其他老师——会像这些教师所期望的那样行事。(Becker,1998,p.126)

现在,关键的一步是重申这一点,但不使用在具体情境和背景研究中确定下来的一些关键术语。在这个例子中,就是如"老师""学校""学生""校长"和"芝加哥"等术语。贝克尔指出:

> 我的研究表明,在官僚体制中,人们选择潜在职位时,会考虑他们试图最大化的东西,评估所有其他参与者对待他们的方式,然后选择最能达到平衡的地方。(1998,p.127)

第一步将促使你表达你认为在你的发现中具有重要意义的内容。这就像那种老生常谈——你必须简明扼要地告诉别人你的研究是关于什么的,只不过在这种情况下,你可以使用能让另一位社会学家或者至少是你的主管理解的术语。第二个关键步骤是,你必须变得概念化并用理论化的语言表达你的发现。当然,这一阶段更有推广性,并对更广泛的情境和人员提出了主张,但这将迫使你考虑有多少其他情境会产生类似的结果,或者你的情境或参与者的哪些方面会让他们这样行事。

诸如此类的策略(以及贝克尔讨论的其他策略)将帮助你发展你的概念性思考,你将被迫采取一些系统 2 的慢思考方式。结合熟悉现有文献和理论所需的辛勤工作,这将使你能够提出一些关于你的研究的新理论。但是,这些只是策略,并不能保证你的想法一定会有创意。另一方面,这些策略确实让许多质性研究者在他们的研究中发展出了概念和理论,并且,通过你辛勤地应用,这些策略也应该对你有所帮助。

本章要点

● 编码层次将代码排列成组,其中父代码可以具有一个或多个子代码,这些子代码本身可以是其他代码的父代码。这样的安排对于保持整洁并防止代码重复是有用的,而它所涉及的类属化过程可以被视为分析资料的一个步骤。

● 进行比较是分析的一个重要阶段,在这一阶段,你可以超越描述性水平。表格是一种有用的处理资料的方法,可以方便地进行此类比较,尽管你通常会拥有海量资料,因此你需要仔细考虑将什么放入表格的单元格中。这可以是编码文本中的简介、总结、关键引文或关键词。

● 此类表格的常见用途是使你能够进行逐个案比较。其中一个关键结果可能是基于两个或更多编码思想所创建的个案类型学。

● 表格也可用于将一组代码与另一组代码进行比较。通常情况下,最合理的选择是每一组代码都属于同一种类型,它们也因此可能是代码层次结构中的兄弟代码。表格的另一个用途是按时间顺序进行比较,由此你可以检查多个个案或受访者是如何随着时间或研究的不同阶段而发生变化的。

● 此类比较将帮助你了解因素、现象、情境、个案等之间的关系。有了这些信息,你就可以建立一个关于这个情况的模型来确定原因、策略、干预条件、行动和后果等。

● 分析的最终结果是发展出解释这些关系的新概念和新理论。这并不容易,并且没有任何步骤或程序可以遵循,但是有许多研究者认为有一些策略是有用的,可以让他们的发现具有创造性和概念性。

拓展阅读

这些文本更详细地讨论了如何比较和如何发展概念、理论:

Becker, H.S.(1998) *Tricks of the Trade : How to Think about Your Research While You're Doing It*. Chicago and London : University of Chicago Press.

Kuckartz, U. (2014) *Qualitative Text Analysis : A Guide to Methods , Practice and Using Software*. London : Sage.

Lofland, J., Snow, D., Anderson, L. and Lofland, L.H.(2006) *Analyzing Social Settings : A Guide to Qualitative Observation and Analysis*. Belmont, CA : Wadsworth/Thomson.

Miles, M. B. and Huberman, A. M. (1994) *Qualitative Data Analysis : A Sourcebook of New Methods*. Beverly Hills, CA : Sage.

Spencer, L., Ritchie, J., O'Connor, W., Morrell, G. and Ormston, R.(2014) "Analysis in practice", in J. Ritchie, J. Lewis, C. McNaughton Nicholls and R. Ormston(eds), *Qualitative Research Practice : A Guide for Social Science Students and Researchers*, 2nd ed. London : Sage, pp.295—346.

7

分析质量与伦理

主要内容

　　确保质量的传统方法

　　反身性

　　有效性

　　可靠性

　　可推广性

　　分析的伦理

学习目标

　　阅读本章后,你应该能够:

　　● 认识到研究质量的传统准则,即关注有效性、**可靠性**(reliability)和**可推广性**(generalizability),在质性分析中的适用性是有争议的;

　　● 理解一个潜在的问题是要认识到,质性研究者像所有的科学家一样,他们的研究不可避免地在某种程度上反映了研究者的背景、环境和偏好;

　　● 理解质性分析既有实际影响,也有道德影响。

确保质量的传统方法

　　在你的分析中,你当然是有可能搞得一团糟或者把事情搞错的。你所描述的和你所声称的可能是扭曲的或有偏见的,并且与实际发生的事情关系可疑。那么，你如何确保这不会发生在你身上呢？你如何确保你的研究质量最高呢？

许多关于研究质量的观点都是在定量研究的背景下发展起来的，一直强调的是要确保结果的有效性、可靠性和可推广性，以便我们能够确定所观察到的结果的真正原因。简单地说，研究结果应该是：

● 有效的，如果解释是真实的或准确的，并且正确地捕捉到了实际发生的情况。

● 可靠的，如果在不同情况下对不同调查者进行的重复调查的结果一致。

● 可推广的，如果在超出特定研究范围的广泛（但具体）的情况下是正确的。

定量研究者开发了一系列方法和技术，旨在确保其结果尽可能有效、可靠和可推广。然而，这些都依赖于实验设计、双盲测试和随机抽样，而这些事情在质性研究和分析中是不适用或很少使用的。

这是否意味着我们无法评估质性研究的质量？这一问题在质性研究界引起了大量的讨论，关于是否有相同的技术来确保质性研究的质量，甚至关于这些想法是否可以应用于质性资料。

如果你是一个现实主义者，有效性是最有意义的，在这种情况下，确保你的分析尽可能接近真实发生的情况是值得的。相比之下，对于那些采取理想主义或建构主义立场的人来说，没有简单的现实用来进行检验分析，只有多个观点或解释，因此这个问题本身就没有什么意义。但即使是理想主义者也必须承认，尽管研究者提出的各种解释和描述是可能的，但其中一些很明显会有偏见或偏颇，有些甚至可能完全是愚蠢或错误的。没有绝对的事实，但仍然可能存在错误。因此，我们如何确保高质量研究，这个问题是无法避免的（参见 Brinkmann and Kvale，2018）。进行质性分析的人的一个回应是关注分析过程中可能出现的质量威胁（见 Flick，2018c）。我将在下面研究其中的一些想法，并提出一些关于好的实践的建议，以减轻这些威胁的影响。然而，在过去的几十年中，研究者发现了一个更为根本的问题需要解决，那就是反身性。

反身性

简而言之,反身性是对研究成果必然反映出研究者的一些背景、环境和偏好的认识。科学模型声称良好的研究是客观的、准确的和无偏见的。然而,那些强调研究的反身性的人认为没有一个研究者能够保证这样的客观性。与其他所有研究者一样,质性研究者不能声称自己是一位客观、权威、政治中立的观察者,站在研究报告的文本之外和之上。

布鲁尔(Brewer)将这些问题追溯到加芬克尔(Garfinkel)和古尔德纳(Gouldner)(Brewer,2000,pp.126—132;Garfinkel,1967;Gouldner,1973)。加芬克尔展示了社会研究者如何在他们所描述的世界中生存,并且不可避免地反映这个世界的某些部分;古尔德纳认为研究者不是价值中立的,他们与社会中的其他人共享价值观,因此他们的著述没有特殊的合法性。在过去二十年中,女性主义作者已经采纳并强化了古尔德纳的观点。他们不仅认为,只有对研究的评价、诠释、结论的评估程序采取自我批判式的关注,研究才能获得合法性,而且研究还应该关注呈现方式,也就是说,让无发言权者发声,特别是在研究的报告方式上让他们能够发声。反现实主义者或**后现代**(postmodern)主义作者也对客观科学的可能性提出了批评。对他们来说,试图消除研究者的影响是徒劳的,而我们需要的是了解这些影响,并对其进行监测和报告。正如布鲁尔所说,

> 我们被鼓励在我们对研究过程、收集的资料和我们的写作方式的陈述中进行反思,因为反身性显示了我们对现实再现的片面性和现实的竞争版本的多样性。(Brewer,2000,p.129)

讨论的结果集中体现于邓津和林肯所谓的"作为反身性说明的有效性"(Denzin and Lincoln,1998,p.278)。他们认为,研究者应该明确他们的先入之见、该领域的权力关系、研究者-受访者互动的性质、他们的解释和理解可能发生的变化,以及更广泛地,他们潜在的

认识论。专栏 7.1 给出了对这种可供同行审查的研究过程陈述的
建议。

专栏 7.1　关于良好的反身性实践的建议

1. 检查你的项目及其情境的更广泛相关性以及进行经验推广
的基础(如果有的话)，例如确定情境的代表性、它的一般特征或者它
作为具有更广泛意义的特殊案例研究的功能。

2. 讨论你的项目中未被研究的特点及情境，你为什么做出这些
选择，以及这些决定对研究结果的影响。

3. 明确你的研究所处的理论框架，以及你为研究带来的更广泛
的价值观和承诺(政治、宗教、理论等)。

4. 通过考虑以下因素，批判性地评估你作为研究者和作者的
诚信：

● 证明知识主张的基础(实地工作的时间长度、协商的特殊访问
权限、与受访者建立的信任和融洽程度等)；

● 你在情境和主题方面的背景和经验；

● 你在研究的所有阶段中的经验，特别是提到其对研究所施加
的限制；

● 研究设计和策略的优缺点。

5. 通过以下方式批判性地评估资料：

● 讨论研究各个阶段出现的问题；

● 概述你所发展出来的用于诠释资料的类属系统的依据，明确
澄清这是基于受访者自己使用的本土类属(原生概念)，还是分析者
建构的类属，如果是后者，则说明支持这一点的依据；

● 讨论竞争性解释和组织资料的替代方法；

● 在文本中提供足够的资料摘录，以便读者评估从中得出的推
论以及对它们的诠释；

● 讨论研究中研究者与参与者之间以及研究团队之间的权力关
系，以确定阶级、性别、种族和宗教对研究实践和写作的影响。

（续表）

> 6. 通过以下方式显示资料的复杂性，避免暗示所研究的情况和你的理论表述之间存在简单的拟合：
>
> ● 讨论那些不属于你在分析时所创建的一般模式和类属之中的反例（negative cases），这通常有助于举例说明并支持正例（positive cases）；
>
> ● 显示受访者自己提供的多个且经常相互矛盾的描述；
>
> ● 强调受访者的叙述和描述的背景性质，并确定有助于构建这些性质的特征。
>
> （改编自 Brewer，2000，pp.132—133）

有效性

有几种方法可以解决你所做的研究的有效性或准确性问题。这并不是说使用这些方法将保证你的研究反映了真正的现实，而是用来消除明显的错误，并对你的资料作出更丰富的解释。

三角互证

三角互证（triangulation）的名称来源于土地测量的原理。为了准确估计远处物体的距离，测量员会构造一个三角形，其底部是一条已知的基准线，然后从基准线的两端观察基准线与远处物体之间的角度。用简单的三角法可以计算出物体与物体之间的距离。以此作为比喻，类似的基本原理也被应用到了社会研究之中。通过获得关于一个主题的多个观点，可以获得关于该主题的准确（或更准确）观点。这些不同的观点可以基于不同的：

● 样本和资料集（按时间顺序编排和地理位置区分的资料，以及访谈、观察和文档）；

● 调查者（不同地方的团队或不同的研究小组）；

● 研究方法论和理论（人群志、会话分析、扎根理论、女性主义等）。

(Denzin，1970)

有些作者质疑这与质性研究的相关性。例如，西尔弗曼（Silverman，2000，p.177）拒绝接受这种方法，因为它预先假定存在一个单一的、潜在的、我们对其有不同观点的现实。与建构主义者一样，西尔弗曼认为，每一项研究都会对其所发现的内容提供自己的诠释，而询问哪一种解释更接近潜在的现实是没有意义的。然而，虽然三角互证不能在任何终极意义上创造一个单一的、有效的和准确的现实诠释，但它仍然有实际的用途。

1. 你的诠释总是有可能犯错误的，对这种情况的不同看法可以说明其局限性，或者暗示哪一种相互竞争的版本更有可能是对的。当西尔弗曼展示定量数据如何在质性研究中被用于加强结论并提出富有成效的调查路线时，他自己就会这样做（Silverman，2000，pp.145—147）。

2. 正如我们将在下一节中看到的，知情者的言行总是可能不一致的。他们可以在不同的场合改变他们的想法和言论，他们可能会做一些不同于他们所说的事情。资料的三角互证的形式（如观察其行动并访谈受访者）在这里是有用的，这不是为了证明信息提供者是在说谎或是错的，而是为了揭示社会现实的新维度，即人们并不总是始终如一地行事（见 Flick，2018a）。

受访者验证

正如我在第 2 章中提到的，转录过程可以看作从一种媒介到另一种媒介的转换形式，当中不可避免地会涉及一些诠释。你在转录中要做的是忠实地捕捉受访者对世界的看法，因此检查转录准确性的一种方法是询问受访者你是否转录正确了。当然，你不能指望受访者逐字逐句地记住他们所说的话，但他们应该能够发现任何荒谬的诠释——

那些他们不可能说的话。然而,有时受访者会不同意转录稿中的内容,即使记录清楚地反映了他们所说的内容。这可能有多种原因:

- 他们改变了主意。
- 他们记错了。
- 转录中存在误解。
- 其他事件的干预改变了局面,因此他们现在不能在公开场合这么说了。
- 他们原本就不希望在公共场合这么说。
- 他们感受到来自同龄人或权威人士的压力而改变了他们的观点。
- 他们现在因为说了这句话而感到尴尬。

这就提出了这样一个问题,即转录稿是否可以成为所说内容的忠实副本。毕竟,说这些话的场合是私人谈话,而转录是——或者至少有可能成为——公开文档。这是两种截然不同的表达方式。

你甚至可以更进一步,把你的分析(或其摘要)提供给参与者和受访者,以确定该说明是否可接受、令人信服和可信。当然,在某些情况下,只有部分分析对参与者意义重大(例如对儿童语言习得的研究),而在其他情况下,反馈一些分析甚至可能是危险的(例如对激进原教旨主义者的人群志研究)。同样,当参与者不同意你的部分分析,而你却认为它们已经得到证据支持时,可能会出现两难境地。

那么,如果受访者不同意,你会怎么做? 有两种选择。

1. 你可以把他们的陈述当作新的资料,并试图找出他们为什么会改变自己的观点,或者他们为什么不同意你的分析。你可以将观点中的转换视为有趣的资料本身。

2. 受访者希望他们之前的陈述被删除且不被使用。这是受访者的权利,特别是如果你使用了完全知情同意书,其中提到了撤销权。你没什么选择,只能尊重它。你可以尝试说服受访者,这种更改本身就构成了有效资料,因此你应该将其视为第一选择。但如果你不成功,那么你应该尊重受访者的意愿并销毁资料(见 Flick,2018c)。

连续比较

我在第 4 章中介绍了连续比较作为一种技术的想法。在那一章中，我建议在创建代码和早期编码过程中使用它，作为在个案内和个案之间进行核查的一种方式。在第 6 章中，我考虑了逐个案比较和其他更高级别的比较，将它们作为发展资料分析思路的关键方法。这些比较的要点是，它们是连续的；它们在整个分析过程中持续存在，不仅用于发展理论和解释，还用于增加分析中描述的丰富性，从而确保描述能够紧密地捕捉人们告诉你的内容和发生的事情。

这个连续的过程有两个方面。

● 使用比较来检查代码应用的一致性和准确性，尤其是在你首次发展代码时。尽量确保以相同方式编码的段落之间是相似的，但同时也要睁大眼睛看看它们的不同之处。通过这种方式填入的编码内容的详细信息，可能会引导你进一步产生代码以及任何与变化相关的想法。这可以看作一个循环或迭代的过程。因此，发展你的代码，核查资料中是否存在其他情况，将其与原始资料进行比较，然后根据需要修正编码（和相关的备忘录）。

● 明确地查看已编码的活动、经验、行动等方面的差异和变化，特别是寻找不同个案、情境和事件之间的差异。你可能会特别关注关键的社会和心理因素如何影响所编码的现象，例如，这些现象可能因性别（男性和女性），年龄（青年、中年、老年），态度（宿命、乐观、自我效能、依赖），社会背景（职业、社会阶层、住房）或教育（私立、公立、高等）而有所不同。

连续比较法的这两个方面对于有效性、综合性的资料处理和反例处理尤为重要。在质性分析中，你需要不断分析资料来检查你希望做出的任何解释和概括，以确保没有遗漏任何可能导致你质疑其适用性的内容。从本质上来说，这意味着要寻找反例或偏差的个案，即那些与你试图提出的普遍化观点不吻合的例子。然而，在质性分析中发现反例或反证并不意味着分析被直接拒绝，你应该调查那些反例并尝试理解它们发生的原因以及产生了它们的环境。因此,你可以扩展代码背后的想法以纳入反例所处的环境,从而扩展编码的丰富性。

证据

　　一份好的、反思性的研究报告将清楚地证明它是如何建立在收集和诠释资料的基础上的。能使你做到这一点的一个关键方法是,从你的实地笔记、访谈或其他文件中截取引用,以此向读者提供证据。引用的加入让读者感受到你所研究的情境和人的美感,它使读者能够更接近资料,并使你能够准确地展示你的研究想法或理论是如何由你所研究的人来表达的。但是,引用需要加以控制,引用太长或太短都有危险。

　　1. 如果引用太长。

　　● 你用它们,而不是用你自己的话来提出分析点。这可能是本科生中最常见的引用误用,这等于让读者自己进行分析。

　　● 它们将包含许多分析性观点,读者将难以识别引用旨在说明哪些观点。长引用可能需要一个解释来告诉读者如何诠释它们,以及如何将它们与你的分析联系起来。

　　2. 如果引用太短。

　　● 它们可能会脱离语境。你可以将引述放在你自己的文本中的脉络中,但这样一来,除非它显示了某些特定或不寻常的词汇(也许是原生概念),否则它可能不值得包括在内。

　　专栏 7.2 总结了在报告中包含引用的指导原则。

专栏 7.2　报告引用的指导原则

　　● 引述应与一般文本相关,例如与受访者的"生活世界"或你的理论思想相关。

　　● 引述应与上下文相关,例如,它是对什么问题的回应,前后发生了什么(如果相关的话)?

　　● 应诠释引述。它们支持、阐明、反驳了什么观点?

（续表）

● 引述和文本之间应该保持平衡。任何关于研究结果的部分或章节的文本中，引述都不得超过一半。

● 引述通常应简短。试着把引述的长段落分解成由你自己评论连接起来的小段落。

● 仅使用最佳引述。说出有多少其他人提出了同样的观点。如果引述展现了一系列不同的答案，请使用多个引述。

● 访谈引述应以书面形式呈现。除非细节也相关（例如社会语言学研究），否则整理文本是可以接受的，特别是在较长的摘录中。体现犹豫不决、离题、方言等全部细节，会使阅读非常吃力。使用省略号（……）表示你在某处删除了离题的内容。

● 应该有一个简单的识别系统来编辑引述。在报告的最后说明你是如何编辑你的引述的（例如，你为了保持匿名而使用了化名——但显然并未实际替换其中的内容），并给出一个用于停顿、省略等的符号列表。

（改编自 Kvale，1996，pp.266—267）

可靠性

如果你是一名独立的研究者，那么你很难证明你的方法与不同的研究者和不同的项目是一致的。但是，你可以采取一些措施来确保你的分析尽可能自我一致和可靠。

转录检查

你要做的一件简单但很费劲的事情，就是要确保你所做的任何转录都不包含任何明显的错误。在第 2 章中，我讨论了一些常见问题，特别是如果你使用转录服务的话。我的建议很简单：反复检查。归根结底，这是一项你无法避免的工作，而在大多数情况下，只有你才能做到这一点。这非常耗时，但检查资料至少会让你非常熟悉你的资料。

编码中的定义漂移

在构建编码系统时发生的一个特殊问题，特别是如果你有一个大型资料集的话，是你在项目后期使用你前期建立的代码去编码的材料，可能与开始时编码过的材料略有不同。这种"定义漂移"（definitional drift）是一种不一致的形式，你需要防范它。显然，我需要再次强调，不断检查是有帮助的。如果你一直在编码上使用连续比较，那么你可能已经注意到分析中存在的任何不一致的问题。你可以做的另一件事就是写下关于你的代码的备忘录，这将使你能够记住在你第一次提出这个代码时，背后隐藏着什么样的想法。稍后在编码过程中重新阅读这些备忘录，作为检查一致性的一部分。

团队

许多质性项目现在由不止一个研究者进行，有时候还在不止一个地点进行。对于质量来说，团队合作既可以是一种威胁，也可以是一种帮助。这可能是一个问题，因为需要协调不同的工作和观点，特别是当团队成员对资料有不同看法，以及对分析有不同的看法时。

质性分析者可以通过两种方式在这些团队中工作。

1. 分工。不同的研究者可能会在项目的不同部分开展工作，研究不同的情境，或者他们可能在项目中扮演不同的角色。例如，一个可能进行协调和写作，一个进行访谈，一个进行观察，另一个进行分析。这里的问题是如何协调这些研究者同时进行的工作，以及如何确保他们之间有良好沟通。简单的答案是采用本章讨论的所有良好实践，并定期召开有文件记录的会议，以便团队能够分享所发展的分析。你需要确保团队的所有成员都能够很好地访问项目正在生成的所有文档，包括所有收集的资料，团队成员发出的电子邮件、信件、草稿等，以及为进一步研究和分析而生成的会议和讨论记录。如果你使用的是CAQDAS，那么这可能包括让团队成员访问项目资料和软件。如果你这样做，则需要考虑提供对资料的只读访问权（或分发资料集的只读副本），以防止对分析进行相互冲突和未做记录的更改。

2. 不止一个人同时参与分析。虽然这需要严格的合作以确保每个人都知道其他人在做什么，但共享分析可能会有优势，因为将一个分析者的工作与另一个分析者的工作进行比较可以避免偏见、发现遗漏并确保一致性。

代码交叉检查

分析协作意味着你可以检查一名研究者与另一名研究者的工作，从而最大限度地减少研究者的偏差，并衡量编码的可靠性。例如，当两个研究者使用相同的资料时，你可以对照一个研究者的编码检查另一个研究者的编码。只有当你们已经有了一组一致同意的代码，并且是在检查代码定义的清晰性，以及研究者对文本进行编码的程度和一致性时，这才真正有意义。研究者决定对特定单词或短语进行编码时，不可避免地存在细微差别。请记住，编码开始和结束通常是相当随意的，更重要的是代码背后的概念或想法。这是团队内部必须达成的共识。它所代表的概念必须清晰明确，这样的研究步骤可以帮助团队专注于这个问题。

可推广性

除了使用引述之外，你还可以在文章中提及个案和例子，来展示分析是如何以资料为基础的。但是，执行此操作存在危险。一个是过度推广（overgeneralize）的诱惑。当你真正想表达的是"寻找住房的人之一……"时,实际写下的很容易就变成了"那些寻找住房的人……"。你可能认为"有些"这个词暗含在短语"寻找住房的人"中,但如果你说"少数人"或"一半以上",甚至"60％的寻找住房的人"(以适当的表述为准),它会让你的读者对你的分析更有信心。使用这些术语也可以帮助你防范所谓的"选择性轶事"(selective anecdotalism),这是指使用非典型的例子来试图提出一个普遍的观点。选择非常有趣,甚至奇特的例子来说明你的分析是很诱人的。正如布里曼(Bryman,1988)所指出的,报告中通常只给出了几个例子,读者不知道它们是否具有典型性,作者很少给出选择的理由。危险在于,你会使用一些奇特但不典型的例子来构建一个比实际情况更普遍的图景。你也可以通过更频繁的引用来防止这种情况。

把项目中所研究的小组和情境向外推广时,你需要谨慎。在定量调查中,基于适当的随机抽样策略,你可以说,例如,只有40％的女性护理者获得了组织的支持,而男性护理者的这一比例为84％。由于样本是一个符合规范的随机样本,所以你可以把它推广到整个人群,并且有理由声称,一般来说男性从组织中得到的支持比女性多。然而,在质性研究中,我们很少有这样做的正当理由,因为抽样很少是随机的。更常见的是,质性抽样是在理论基础上进行的,也就是说,个体的不同子类型被纳入,且个体被作为该子类型的代表(例如,老年亚洲女性),而不考虑这些个体在所研究的总人群中所占的比例。他们之所以被包括在内,是因为你有理由相信他们可能会表现出一些有趣的和多样的反应。在不同个体所属群体之间发现的差异,会告诉你这些差异所带来的影响,但是你不应该把受访者的比例推广到更广泛的群体。

因此,在你的写作中,比较好的做法是说"50％的人认为……",因为这表明这是你样本中相当常见的反应。然而,继续说"因此,50％的(样本来源)总人群认为……",这不是好的做法,因为你可能没有理由从样本中推广出去。你最多可能声称"因为样本相当典型,我预计大约一半的人会这样认为"。但是,你需要有充分的证据证明你的样本是典型的,并且你询问受访者的问题以及你进行研究的方式几乎不可能使他们的答案有偏差。

分析的伦理

伦理实践提高了分析的质量。与此同时，执行不力和报告不当的分析几乎肯定是不道德的。所有研究都会造成一些伤害或增加成本。至少，人们出于良好意愿，让你进入他们的生活，并为你的采访分出时间。幸运的是，好的研究也可能有所帮助。它可以用对人类和社会有益的方式扩展我们的理解，特别是它可能会导致实践和行为朝向对每个人都有利的方向变化。研究伦理的关键是尽量减少伤害或成本，并最大限度地提高好处。

梅森（Mason，1996，pp.166—167）认为，质性研究和分析的特殊性质产生了两种你需要考虑的特殊情况：丰富资料和紧急解释（emergent explanation）。

丰富资料

质性资料往往是丰富和详细的，研究参与者的保密性和隐私将难以维护。作为一名调查者，你会得到一些只有好朋友才能听到的细节。这意味着研究者与知情者之间的关系是相互信任的，也是有一定亲密度的。重要的是要建立一个反映这一点的研究实践。应当支配你的工作的两个原则是，你应该避免伤害你的参与者，并且你的研究应该产生一些积极的和可识别的好处。你可能会认为，任何类型的研究，即使是在质性研究中占主导地位的谈话类研究，都会给参与者带去一些成本，哪怕只是占用他们的时间。然而，许多参与质性研究的人实际上享受他们的参与，并从中获得了一些真正的好处。尽管如此，在某些情况下，被讨论的内容可能会给参与者带来压力或情绪上的消耗，或者在某些情况下，他们告诉你的内容可能会使他们面临一定的风险（例如，来自一些该情境中不想让你知道这些事的人）。因此，你不仅在收集资料时需要担心研究可能造成的伤害，分析资料时也存在类似问题。你特别需要考虑的是：

● 知情同意。向受访者提供有关研究的信息，这些信息帮助他们决定是否协助你，该信息应以他们熟悉的语言提供（即不要太技术化）。要获得书面同意，如果参与者没有相应能力（例如幼儿），请获得代理人的同意。正如我上面所讨论的，知情同意的一个结果是参与者有权随时退出，如果你使用受访者验证，他们也有权撤回他们所说的内容。

● 转录的匿名性。我在第 2 章中讨论了确保匿名性的一些技术。由于所收集资料的丰富性，确保保密性和隐私性是质性分析中的一个特殊问题。在你工作地点进行的内部调查或研究是一个更大的问题，因为在那里，要将受访者和情境的可识别的细节匿名化或隐藏将更加困难。作为获得知情同意的一部分，你可能需要向人们清楚地表明，你保持所有资料匿名的程度是有限的。与你正在调查的环境关系比较近的人会发现很容易弄清楚谁是谁，哪里是哪里。

这个问题涉及的不仅仅是你在报告中使用匿名化的结果，确保未经授权的人员无法访问你的匿名资料也可能很重要。在最基本的层面上，这可能意味着不允许朋友和同事查看原始资料，这一点尤其重要，因为如若他们与其他人讨论这些信息，那么消息就会回传给你的受访者和你所调查的情境中的那些人。更麻烦的情形是，你在一个有高度争议、非法、危险或三者兼而有之的领域进行研究。我的一位同事对曾经身为北爱尔兰恐怖组织成员的参与者做过一些研究，他不仅必须非常小心地选择访谈对象（他们信任的、有合适背景的人），而且必须非常谨慎地保存转录稿以确保其安全无虞。他不以北爱尔兰为主要活动地，这很有帮助，但即便如此，他也必须对它们的存储保持谨慎。当然，不言而喻，他发布的任何作品都将被匿名化（除非他得到了参与者不匿名的许可）。

● 转录。当然，你应该确保（访谈或实地笔记）的转录尽可能忠实于原始版本，但是请记住，正如我在第 2 章中所建议的那样，如果你雇用了转录员，他们也会听到一切。这意味着你必须确保这不会破坏任何保密性，并且转录员也可能会受到他们正在转录的内容的影响。这里要考虑的另一个问题是，基于你在最终报告中引用的摘录，人们可能会对参与者产生什么印象。人们可能通常以支离破碎的、犹豫不决的、不合语法的和往往口语化的方式说话，而你可能花了很长时间来在你的转录中保留这些特征。然而，大多数参与者在看到这些转录时会认出自己说的话（即使是匿名的），有些人在看到自己说的话被这样逐字报告时可能会感到不高兴。同样，如果你打算这样做，那么你的完全知情同意信息中应该提及它。

● 长期处置或保存。越来越常见的情况是，特别是在伦理委员会的要求下，研究者承诺在指定时间后销毁项目中的所有资料。如果以恰当的方式进行，这就结束了对机密性和匿名性的任何进一步担忧（除了那些已发表的研究所引起的担忧）。然而，在我看来，销毁似乎过于谨慎，并且，所有对资料进行归档的要求无疑都在直接挑战它。现在人们越来越关注重新分析质性资料，但如果没有旧项目的归档或者哪怕是保留下来的资料，这都是不可能的。此外，销毁资料也可能会冒犯许多慷慨地花时间参与项目的受访者，他们希望自己所说的话可能会有所作为，现在他们却得知自己的言论正在被销毁。因此，如果长期保密性和匿名性问题能够得到妥善处理，我认为研究者应该寻求保存他们的资料的方法，供其他人日后使用。最简单的方法是将资料存储在为此目的而设置的资料档案中。在英国，有国家数据存储中心为国家重点资助的研究项目和具有国家意义的资料集做这项工作，而许多其他机构，如大学和地方政府机构，也经营档案馆和储存库。国家数据存储中心对保存的内容、如何确保匿名以及保存资料的格式都有明确的标准。最后一点在处理电子/数字资料时尤为重要。墨水可能会褪色，纸张可能会腐烂或变成灰尘，但如果妥善保管，纸质记录可以保存数百年。数字文件的情况并非如此。一些数字存储介质可能会在几年后丢失数据，但比这更短暂的是存储这些数据的格式。即使在短短十年左右的时间内，在旧软件中创建的文件现在就已不可读了，因为格式已经改变，而读取它们的软件难以获得和/或无法在现代计算机上运行。如果你要将资料存在本地档案中，则需要考虑这一点。最好的方法是遵循国家档案馆制定的文件准则，因为这意味着你将避免使用一种很快就会无法读取的格式。如果你使用 CAQDAS，这是一个特殊问题。多年来,许多项目已停止生产、维护和销售。现在很难从这些程序中读取项目文件。在最好的情况下,你发布了你的研究并生成了有关报告,由此实际的分析将保存在这些报告中,但资料需要单独保存。因此,最好将资料归档为文字处理器、图像和视频文件,而不是保存在 CAQDAS程序项目文件中。

紧急解释

在质性研究中,很难在一开始就预测你会发现什么样的事情,以及你能得出什么样的结论。研究重点可能在分析过程中发生变化,这可能会产生新的伦理困境。正如梅森(Mason)所说,这意味着质性研究者需要开发一种合乎伦理的、具有政治意识的实践来处理这些新的问题。这对以下议题有特别影响:

● 反馈。你可能已经提出向参与者提供有关研究结果的一些反馈。你必须这样做,不仅要以他们能够理解的方式,而且要以你能够保证保密性和隐私性的方式,证明他们为帮助你而作的努力是值得的——你的工作已经产生了一些有趣的和有价值的结果。

然而,这并不总是这么简单。一般原则是,你的研究应该对参与者,甚至更广泛的社会有所帮助。如果你正在研究那些你认为不应该从你的工作中受益的人,就会出现问题。正在研究犯罪分子或仇恨团体的人就是让人直接想到的例子。当然,虽然你自己的个人和政治立场可能会暗示你想要研究一个更广泛的群体,但你又不想你的工作惠及他们。研究者并不总是同情他们正在研究的人,例如那些研究过足球流氓和国民阵线(英国一个极端的种族主义政治团体)成员的人就是如此。

当参与者看到你的分析时会出现的另一个问题是,他们可能觉得你没有给予他们的立场以足够的重视或可信度。你的研究可能已经调查了各种观点,你可能觉得没有任何理论上的需要,来给予其中任何一个特定的观点以优先权或地位。换句话说,你采取的是**相对主义**(relativist)或建构主义的观点。你的参与者可能不会这么看,并且可能会觉得你对他们的评价低估了他们的立场，甚至是不真实的。你可以在这里使用的一种策略是为不同的群体准备单独的报告，这些报告仅提供针对特定群体的详细信息。你可以将**比较分析**（comparative analysis）留给学术期刊中不那么大众和更容易接受的读者。

● *出版物。*芬奇（Finch，1984）认为，由于研究者和知情者之间产生了高度的信任和信心，质性研究者就有特别的责任来预测其他人如何使用他们的研究。与此特别相关的是我在上面讨论过的一些反身性的问题，比如让那些本来没有机会表达观点的参与者发声（不过，正如我在上面解释的那样，你可能觉得他们并不应该发声）。此外，如果研究得到赞助，特别是如果分析的不可预见性对赞助者的利益产生了意想不到的影响，特定的问题就需要在出版物中提及。近年来有几个涉及健康和犯罪的研究案例，其中赞助者（其中包括政府和警察）对质性研究的最终结果感到不满。这个问题很难处理，没有简单的指导方针可循。

本章要点

● 传统上对研究质量的关注表明，研究应该是有效的（准确地捕捉正在发生的事情）、可靠的（给出一致的结果）并且是可推广的（适用于各种情况）。但是，将这些想法应用于质性研究是困难的，有些人甚至认为这是不恰当的。

● 质性研究者需要认识到，他们的工作不可避免地反映了他们的背景、环境和偏好。因此，好的做法是对这些影响持开放态度，并清楚说明结论和解释是如何做出的。这种开放性的一个关键方面是在报告中通过引述提供证据。

● 使用三角互证和受访者核查来避免明显的错误或遗漏。三角互证涉及使用多种不同的信息来源，再加上与参与者一起检查转录和/或分析，可能会提出新的探究线索和新的诠释。使用连续比较来确保适当的变化被考虑在内,并且编码是一致的(这也将避免编码中的定义漂移)。

● 团队合作可能会导致协调工作和后续分析时出现许多额外的问题,但这确实意味着一些交叉检查(例如编码)是可能的。

● 通过防范选择性轶事来避免过度推广的诱惑,并注意你声明结果与更广泛情境之间的相关性的方式。

● 伦理的关键是平衡研究可能带来的(哪怕是最小的)危害及好处。因为质性资料如此详细,所以总是存在违反保密性的危险,因此匿名化尤为重要。

拓展阅读

有关质性分析中的质量和伦理问题,在以下文献研究中有更详细的论述:

Brinkmann，S. and Kvale，S.(2018) *Doing Interviews* (Book 2 of *The SAGE Qualitative Research Kit*，2nd ed.). London：Sage.

Flick，U. (2018) *Managing Quality in Qualitative Research* (Book 10 of *The SAGE Qualitative Research Kit*，2nd ed.). London：Sage.

Marshall，C. and Rossman，G.B.(2015) *Designing Qualitative Research*，6th ed. London：Sage.

Ryen，A.(2004) "Ethical issues"，in C.F. Seale，G. Gobo，J. F. Gubrium and D. Silverman(eds)，*Qualitative Research Practice*. London：Sage，pp.230—247.

Seale，C.F.(1999) *The Quality of Qualitative Research*. London：Sage.

8 开始使用计算机辅助质性资料分析

学习目标

阅读本章后，你应该能够：

● 了解计算机辅助质性资料分析软件的发展过程、它的优点和一些缺点；

● 了解更多有关三个程序——ATLAS.ti、MAXQDA 和 NVivo——的详细信息；

● 了解如何准备文件、启动项目、导入文件和检查文件；

● 知道如何用软件实现编码和检索文本。

技术的使用以多种方式改变了质性资料分析。首先是机械录音设备的引入，它不仅改变了质性资料的收集方式，而且使得分析它们的新方法成为可能。很容易就可以获得一份完整的访谈、对话等记录，这使得我们可以更仔细地检查人们所说的内容和表达方式。如果没有录音，叙事、会话和话语分析即便可能，也会非常困难。然而，自 20 世纪 80 年代中期以来，对质性研究影响最大的技术是个人计算机，最初其影响表现在计算机辅助质性资料分析软件(CAQDAS)的发展上,最近还表现在如数码相机和数字音频、视频等数字技术的引入上。

辅助质性资料分析的程序

从前面的章节可以清楚地看出,进行质性分析需要对大量文本、代码、备忘录和注释等进行仔细而复杂的管理。事实上,有人可能会说,真正有效的质性分析的先决条件是高效、一致和系统的数据管理。计算机完美契合了这样的要求。软件提供了一种强大且结构化的方式来管理所有这些方面的分析。从根本上说,CAQDAS 程序是一个数据库,尽管它支持的处理数据的方式远远超出大多数数据库。它使研究者能够对他们的直觉、想法、搜索和分析留有良好的记录,并提供对资料的访问,以便对其进行检查和分析。然而,正如文字处理软件不会为你编写有意义的文本,但是能让写作和编辑过程变得更加容易,使用 CAQDAS 可以使质性分析更加容易、准确、可靠和透明,但程序永远不会替你阅读和思考。CAQDAS 提供了一系列用于生成报告和摘要的工具,但对它们的诠释取决于你,也就是研究者。

一个关键的发展是引入了能够结合复杂的搜索来管理文本编码和检索的软件。这种编码和检索程序不仅使选择文本块(甚至是图像的一部分)并对其应用代码变得容易,而且还可以轻松地检索所有类似编码的文本而无需去情境化,也就是说,不会丢失关于文本来源的任何信息。最近,一些 CAQDAS 也尝试对资料分析过程有所帮助。这些程序提供了各种附加功能,以帮助分析人员检查文本中的特征和关系。它们通常被称为"理论构建器"(theory builder),值得注意的是,这不是因为它们本身可以构建理论,而是因为它们包含各种工具,可以帮助研究者发展理论思想、进行比较和检验假设。

CAQDAS 的局限性

虽然使用 CAQDAS 可以带来许多好处，但也存在着局限性。菲尔丁和李(Fielding and Lee，1998)在他们的书中讨论了其中的一些限制。他们根据对使用 CAQDAS 的研究者进行采访的经验，研究了质性研究的发展历史及计算机提供的支持。在他们发现的问题中，有一种远离资料的感觉。使用纸质材料分析的研究者觉得，他们比使用计算机时更接近受访者的话或研究者自己的实地笔记。这可能是因为许多早期程序无法轻松跳转回资料，来检查编码或检索得出的文本的上下文。相比之下，新近的程序在这方面表现出色。第二个问题是，正如许多用户和一些评论者所提出的那样，许多软件似乎受扎根理论的影响过深。在第 4 章和第 6 章中讨论过的这种方法在质性研究者和软件开发人员中都非常受欢迎。然而，正如菲尔丁和李指出的那样，随着程序变得越来越复杂，它们与任何一种分析方法的关联度都变得越来越小。第三，一些人所指出的相关危险是对编码和检索方法的过分强调。这些方法确实是 CAQDAS 的核心活动。一些评论者认为，这对希望使用完全不同的技术(如超链接)来分析资料的研究者不利。但是很明显的是，在大多数 CAQDAS 支持得最好的分析活动中，编码是核心，尽管某些软件确实具有链接功能，但这些功能并不像支持编码的功能一样健全。

程序的特性

尽管 CAQDAS 中编码和检索功能普遍存在，但不同程序的方法仍存在明显差异。与文字处理领域不同，我们还远远没有达到一个程序占据市场主导地位的程度。有些程序擅长某些类型的分析，并且为了某些目的分析时比为了其他目的时更好用。如果你可以在开始分析之前选择使用的软件，那么了解哪种软件擅长什么方面就很重要。你可以从软件发布者运行的网站开始着手了解，它们经常有可以下载试用的程序的演示版本。这类版本通常不允许保存,也可能仅限于一定次数的运行或一定数量的文档。

在撰写本文时,有三个程序似乎是质性研究者最常使用的程序,大多可通过大学网络供学生使用。它们是:ATLAS.ti,现在更新到版本8;MAXQDA 12,这是一个以 WinMax 为原名起家的程序的最新版本;以及 NVivo,现在更新到版本 11,这是由其公司的原始程序 Nud.ist 发展而来的程序。但还有很多其他的程序。像 HyperResearch 和 QDAMiner 等程序已经存在几十年了,其他程序,如 Quirkos 和 f4Analyse,则相对较新。有些程序专注于分析多媒体,尤其是视频,这些程序包括 Digital Replay System(DRS)、Transana 和 Mixed Media Grid(MiMeG)。最近的一项进展是引入了在互联网上运行的软件,如 DEDOOSE、Saturate 和 QCAmap。最后,还有一些免费的程序,如 AQUAD、QCA-Map、QDAMiner Lite、RQDA 和 Weft,但要注意,这些可能是不再受支持的旧程序。

这里介绍的三个程序具有非常相似的特性:

● 导入和显示丰富的文本;

● 构建编码清单,在大多数情况下构建为一个层次结构;

● 检索已编码的文本;

● 在原始文档的上下文中检查编码文本;

● 编写可链接到代码与文档的备忘录;

● 灵活的网络或图表功能,其中图表中的项目直接链接到项目中的质性代码和资料。

然而,这三个程序存在差异。尽管 ATLAS.ti 通过其网络工具和代码群组支持层次结构,但 MAXQDA 和 NVivo 对分层编码的支持最为简单。所有程序都可以导入和编辑文本文件、Word 文档和 pdf 文档。MAXQDA 可能是最容易学习的,并且具有最友好的界面。这三个程序都具有非常强大的查询功能,而 NVivo 可能最厉害,因为它包括一种可以支持使用表格进行比较的矩阵搜索(如后文所述)。与其他程序一样,ATLAS.ti 具有网络(图表)功能,并且内置了一组与分析直接相关的逻辑关系。

如今，所有程序都可以导入、播放（或显示）并编码图像、音频、视频和调查数据（以 Excel 电子表格的形式）。ATLAS.ti 具有在处理长视频和录音方面可能是最优质的界面。这个简要的介绍无法提供有关如何使用这些类型的资料的更多详细信息，你可能不得不观看辅助视频并阅读帮助文件。

本章的其余部分将首先介绍这三个程序的基本功能，反映前面章节中讨论的分析类型。我将展示如何设立一个项目、如何引入要分析的文档以及如何进行简单的编码和检索。下一章将探讨 CAQDAS 程序中可能最为重要的工具——**搜索**（search）和查询。

学习并寻求帮助

每个程序都有一个专门的网站，在那里你会找到很多帮助，使你能够学习该程序。每个网站都和一系列培训或学习材料相链接，其中最有帮助的可能是简单的入门文档和入门视频。与其尝试在此处复制这些材料，在本章中，我更愿意概述你需要在每个程序中执行的主要操作和程序，并由你自行观看所使用的程序的相应视频来了解要用到的每一步操作。即使我已经使用这些软件多年了，我发现有关如何使用该软件的短视频依然非常有帮助。这可能是因为有很多不同的方法可以让你在程序中执行某些操作，这类视频会提醒我那些我很少使用的方法，也可能是因为软件具备了我需要了解的新功能，而这类视频则展示了如何使用这些新的功能。在大多数情况下，这些视频会告知你如何使用该软件，而不是如何进行质性分析。也就是说，它们假设你知道你在分析中想要做什么，并解释软件如何帮助你做到这一点。在本章中，我将尝试解决这个问题，不仅会解释软件是如何做到这些的，而且也会解释这如何支持你的分析。

软件发行商还有其他方式帮助新用户。许多发行商开设培训课程（面对面及线上课程），培训之后通常会提供免费视频版本。发行商意识到不仅需要在使用程序的功能方面提供帮助，他们现在还提供报告、演讲和视频，质性研究者在其中讨论如何使用该软件进行特定类型的分析。

　　软件发行商也都运行在线论坛,用户可以在其中发布有关软件使用的问题。这些消息由其他用户阅读,其中一些用户非常有经验(例如有关这些软件的书籍的作者),同时这些消息也会被公司内部的专家阅读并回答,所以你可以得到权威的答案。在学习软件时,论坛并没有多大用处,但是一旦熟悉了程序,你就可以通过论坛来解答关于程序操作的困惑,或者如何处理不太常见的资料和分析操作的困惑。在发布新问题之前,请尝试搜索过去的信息来寻找此前关于你的问题的回答。

　　这些程序还有另一个帮助来源,一旦你知道它们可以做什么就很有用:可从程序内部访问的在线帮助系统。这是关于每个程序的权威的信息来源,一旦你知道要问什么样的问题,它们就是准确、全面地回答如何进行特定程序的绝佳方法。但是,在刚开始使用该程序时你不会发现它们很好用,你首先需要知道程序可以做哪些事情。

Windows、Mac 及其他版本

　　最近的一个重要进展是这三个程序现在都有 Windows 版本和 Mac 版本。就在几年前,它们只有 Windows 版本可用。但是,这意味着在某些情况下,Mac 版本仍在追赶 Windows 版本中的所有功能。MAXQDA 在这方面可能是最先进的,Mac 版本和 Windows 版本几乎完全相同。ATLAS.ti 和 NVivo 的 Windows 版本中,有一些功能是 Mac 版本中没有的,并且它们的 Mac 版本中有一两个功能在 Windows 版本中还没有。这两个程序的网站都有比较文件来显示什么功能包括在内而什么没有。

　　数据和项目可以从 Mac 版本传输到 Windows 版本并传输回来,但在将项目传输到其他操作系统之前,可能必须"另存为"一份导出的版本。

　　有些程序还有用于平板电脑的版本。通常这些只是为了提供给有限的设施——你在现场可能需要的东西,然后,你需要将数据上传到你的个人计算机软件项目以进行全面分析。MAXQDA 和 ATLAS.ti 拥

有适用于 iOS 和 Android 的免费版本。

这些程序还拥有允许项目智能合并的功能。如果你在团队中工作，这一点非常重要，因为当研究者将各自的项目合并到一起时，它提供了一种灵活的方式来管理研究者所做的个人分析工作。NVivo 可能是在这个领域最先进的，因为它有一个服务器版本，研究者可以同时在同一个项目上协同工作，因此不需要项目合并。

准备文本资料以导入项目

在第 2 章中，我讨论了转录和准备电子文件以供分析的问题，并提出了一些整理文件的方法。除了这些建议之外，在使用这三个程序时还有其他一些需要牢记的指导原则。所有程序都接受纯文本格式、富文本格式（.rtf）、Word 的.doc 和.docx 的文档文件，有些可以导入.odf 文件（见专栏 8.1）。它们还可以导入 pdf 文件并保留文档及其图像和可视布局的所有格式。所有文档都可以在程序中编辑（.pdf 除外），但通常在导入文档之前，你应尽可能地编辑和更正它们。

专栏 8.1　纯文本、rtf 文本和 pdf 文本

纯文本

这是一个最低标准。它不包含有关不同字体，颜色，字号，粗体、斜体和罗马体，以及行对齐的信息。纯文本仅包括字符和有限范围的标点和符号。文件使用.txt 扩展名。

Microsoft Word 文档(.doc 和.docx)

此格式允许保留不同的字体，颜色，字号，粗体、斜体和罗马体，以及布局的某些方面，例如行的对齐方式。最好在将文件引入程序之前，先进行所有这些方面的格式化工作。但 Word 文档也会包含许多其他功能，例如脚注、注释、图像等。导入文件时，程序无法很好

地处理这些问题。这里的选项是不在文件中使用这些功能（如果你的文档是访谈转录稿或实地笔记，你不太可能需要它们），或者将文档从文字处理器保存为.pdf格式。

富文本格式(.rtf)

如果你没有使用 Word 作为文字处理器，并且你的程序没有以.doc 或.docx 格式保存，那么你可能不得不将文件保存为.rtf 格式。这种格式允许你保留不同的字体、颜色，字号、粗体、斜体和罗马体，以及布局的某些方面，例如行的对齐方式。但它不保存脚注、注释和文字处理文件的许多其他功能。

可移植文档格式(.pdf)

这是一种只读格式，旨在捕获和保留文档的所有布局和可视功能，包括图像。这三个程序都可以导入 pdf 文档并保留所有格式，不过你无法在程序中编辑它们。但是，你可以对任何文本和图像的任何区域进行编码。

在 ATLAS.ti 中，段落可以分组。一组段落的结尾由两个回车表示。如果要使用**自动编码**(autocode)功能，这一点很重要，因为你可以选择段落组作为要链接到编码的引用。例如，在处理与受访者的访谈时，你可以在每个受访者回复的末尾放置两个回车，而在其他地方使用单个回车。

NVivo 使用段落样式识别文件的章节和部分。这些与 Microsoft Word 中的样式相同，除了一个例外——使用默认的 Word 样式。通过使用标题样式来表示章节：标题1、标题2等。一个章节从采用其中一个标题样式的段落开始，以采用同一标题样式的下一个段落的开头为结束点。像这样的章节使在 NVivo 中对文档进行自动编码成为可能。这里的一个常见做法是让说话者的名字单独成段，并给它设置一个标题样式。文本搜索工具可以将找到的文本扩展到段落之间，并将其编码到创建的新代码之中。

一般要点

● 始终使重复的说话人的标识符、问题标题、章节标题和主题标题的拼写、间隔等在整个文本中保持一致，例如，使用"QU1："或"Q1："，而不是二者混用。执行文本搜索时，你可能需要依赖这种一致性。使用文本搜索工具更容易查找精确的字符串，而不是近似值。把文件整理得整整齐齐，例如，用大写字母书写说话者的姓名（或身份），然后在实际文本之前输入冒号或制表符。将说话人的名字与后面的文本保持在同一行是正常的。但是，如果你正在使用 NVivo，并且将说话人的名字写成单独的一行（即单独成段），你可以给这个名字一个标题样式，以指示程序这里进行了分节，并且这也可以用于某些搜索和自动编码选项。在每个说话者之前输入两个回车，因为这会使转录稿更容易阅读（电子版和打印稿均会如此）。如果你正在使用 ATLAS.ti，则可以使用两次回车来指出分段，这在执行自动编码时非常重要。在这种情况下，举个例子，你可以将两个回车仅使用于每对采访者问题和受访者回答的开头。

● 如果可能，在转录过多资料之前，你可以在 CAQDAS 程序中，用一至两个文件准备一个小的试点项目，进行一些编码和检索以及文本搜索，以测试资料的格式是否有效。

新项目

当第一次启动程序时，系统将询问你是要使用现有项目还是创建新项目。此时也可以选择打开教程文件。

ATLAS.ti

打开 ATLAS.ti 主工作台窗口。它会保持打开状态，并让你通过功能区和选项卡访问程序的功能（参见图 8.1）。这里显示了一个文本文档（第 4 章中对巴里的访谈）和一些编码。编码的行用彩色条形和矩形表示，相关代码或备忘录的名称显示在条形顶部。将鼠标悬停在彩色条形或代码名称上将突出显示实际编码的单词——也被称为"引用"。左侧窗格是项目资源管理器，它显示了项目中使用的文档、代码、备忘录网络和分组的分层列表。

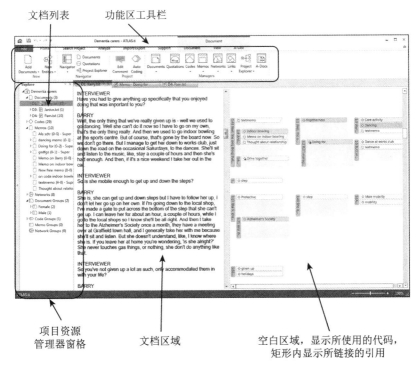

文档列表　　　功能区工具栏

项目资源
管理器窗格　　　　文档区域　　　　空白区域，显示所使用的代码，
　　　　　　　　　　　　　　　　　矩形内显示所链接的引用

图 8.1　ATLAS.ti 工作台窗口

MAXQDA

打开 MAXQDA 桌面（见图 8.2）。它有四个窗格——文档系统、文本浏览器、代码系统和检索到的片段。窗格可以独立显示和隐藏，也可以扩大至占满整个窗口。

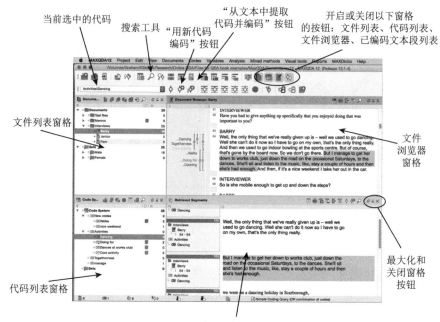

图 8.2　MAXQDA 桌面窗口

 NVivo

打开的 NVivo 主窗口，标题栏中显示你的新项目的名称（见图 8.3）。

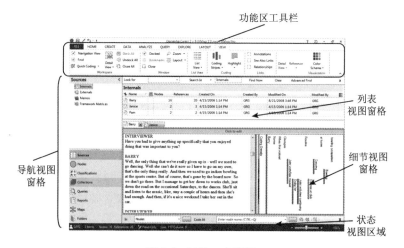

图 8.3　NVivo 主窗口

备份与安全

在构建项目并发展分析时,你将创建你不想丢失的文件和结构。请定期保存数据。此外,某些程序会定期自动保存数据或生成备份文件,这样,如果程序或计算机突然崩溃,你将不会丢失所有做过的工作。

你创建的大多数数据都非常紧凑。有关代码和链接的信息只占用很小的空间,但文档和报告会占用大量空间。因此,你需要在有足够剩余容量的地方进行定期备份。我建议使用 USB 记忆棒——现在大容量的 USB 记忆棒是可以获得的,或者使用轻便的可移动硬盘进行备份。但是,记忆棒可能会失灵,即使现代硬盘非常可靠,也永远不要只依赖一份副本。此外,你的计算机可能会被盗,或者可能会有人不小心删除你的文件。经过几个月的项目工作,你不想失去所有的成果。对于在大学工作的人,也许可以访问大学存储系统的安全区,并在其中进行备份。大学将定期备份这些区域,因此存储非常安全。

除了确保不会丢失数据外,你还需要确保未经授权的人员无法访问该数据。如果你向研究参与者提供了匿名承诺,这一点尤为重要。除了研究小组的可信赖成员,任何人都不应该有权访问参与者的真实身份以及他们所在的环境和组织的资料。虽然你可能习惯于将此类信息的纸质副本妥善保管,但你可能不那么留意它的电子副本。没有必要不遗余力地加密所有文件,但在计算机和 CAQDAS 程序项目中使用密码是明智的做法,并且不要将密码写在显示器上贴着的小纸片上。你还要考虑数据的最终处理。在项目结束时,所有出版物完成后,请考虑将所有数据存档到 CD-ROM、DVD、M-Disc(可靠的可写 DVD 和蓝光介质)或可移动硬盘(至少两份副本)然后将它们锁在安全的地方。然后,可以删除其他地方(例如硬盘上)保存的所有数据。甚至可能值得购买一个特殊程序来覆盖硬盘或记忆棒上已删除的数据副本。(在计算机上删除实际上并不删除数据,只删除对它的引用。)

文档

从根本上说，这三个程序都做了两件基本的事情。它们支持文本或文档（包括多媒体文档）的存储和操作，并支持代码的创建、应用和操作。围绕这两个基本功能，程序还提供了其他工具，用于创建和检验有关数据的新想法（例如通过搜索、撰写备忘录和图表），以及检索和报告结果。

将新的转录文档导入程序

当开始一个新项目时，可以做两件事——导入已转录的文档（包括已编写的任何备忘录）或设置编码系统。当然，如果你正在遵循归纳的、探索性的方法进行资料分析，那么在想出任何编码之前，你需要导入并阅读这些文档。但是，如果编码至少是基于一些先前的理论和研究，那么你可以在项目中输入代码，而无需先处理任何文档。这些文档可以随后添加。但是，在大多数情况下，你可能希望处理文档并从中生成一些代码（如果不是全部的话）。所以，你首先需要导入一些文档。

检查文件

一旦导入了文件，它们就会成为项目的一部分，你可以随时检查它们。通常，你可以通过在文档或源列表中找到它（可能需要打开文件夹以查看所有文档）并双击其名称来打开文档。

编码

我在第 4 章中讨论了编码过程，其中我建议可以在不参考文本的情况下建立代码,适合这种方法的情况是,你在分析资料之前就对可能会发现什么样的现象和概念有好想法。然后,你可以选择文本的部分,并将它们分配或链接到这些预定代码。另一方面,所有程序也支持直接从文本发展编码,你可以在其中选择一些文本,然后为其分配新的或现有的代码。

在 ATLAS.ti 中,编码过程基于从正在分析的文本、图像或媒体中创建引用。编码可以通过选择一些文本然后使用鼠标右键直接完成,或者,你可以先创建一个独立的引用,选中它后,将代码名称从代码列表拖到它上面。代码也可以分组。在 ATLAS.ti 中,代码(以及文档、引用和备忘录)可以在网络中相互连接。在网络视图中,代码可以分层排列或以任何其他方式排列。这些连接关系是有名字的,例如,在代码中是"部分"或"相矛盾";在引用中是"批评"或"证明"。代码、引用和文档等可以在项目资源管理器窗格中以 Windows 资源管理器方式显示。

编码在 MAXQDA 中由代码系统窗格支持,在 NVivo 中由节点窗格支持(NVivo 将代码称为"节点")。MAXQDA 和 NVivo 中的所有代码都按层次排列(参见第 6 章)。作为暂时性措施,如果你不知道将新代码放置到层次结构的其余部分中的什么位置,可以创建一个名为"新代码"的父级占位符代码,并把新代码当作它的子代码,稍后再将新代码移到层次结构中的其他位置。

在每个程序中,你都可以创建、删除、合并和移动代码并更改它们所引用的文本。你可以随时浏览或显示编码文本,更改编码或查看上下文中的编码。这使得编码过程比使用纸张时更加灵活。你可以先进行粗略编码,或许可以通过使用文本搜索工具来进行(参见下一章),然后审查并修改所做的编码。你可以更改已编码的文本,按照需要将其扩张或减少。你可以在遇到其他段落时将其编码到现有的编码之中。你也可以拆分编码材料,例如,当你确定由一个代码所编码的材料实际上代表两个不同的主题思想时,可以将其拆分。你还可以搜索代码,通过这种方式,连同对链接资料(如备忘录)的检查一起,研究者可以对资料提出问题,构建和检验理论。这将在下一章中更详细地讨论。

创建新代码

如果你想在不引用文本的情况下创建代码，请使用此方法，这可能是因为你受某些现有理论的指导或对你想找到的内容有所预期。（通过任何方法）创建代码时，不要忘记保留关于代码所代表的内容和你对它的想法的记录，无论是以注释还是备忘录的形式（二者都可以存储在项目文件中）。为执行此操作，请使用 MAXQDA 中的"编码"菜单，或在 ATLAS.ti 中打开代码管理器并使用功能区中的"自由编码"按钮，或者在 NVivo 中使用"创建"功能区上的"节点"按钮（见专栏 8.2）。

专栏 8.2　用不同的方式做同样的事

在这些程序中通常有几种方法来选择或执行同一件事情。

1. 菜单或功能区栏。例如，要创建新代码，请使用 MAXQDA 的"编码"菜单中的项目，或 ATLAS.ti 的代码管理器功能区中的"自由编码"按钮，或 NVivo 的"创建"功能区上的"节点"按钮。

2. 通常有一个按钮或图标来执行操作（对于新代码，按钮或图标位于 MAXQDA 的代码系统图标栏中，也位于 ATLAS.ti 的代码管理器中）。

3. 还有键盘快捷键可用于许多操作（对于新代码，快捷键是 MAXQDA 中的 Alt-N 和 NVivo 中的 Ctrl-Shift-N）。

4. 所有这三个程序都有一个上下文相关的弹出菜单——可以右键单击窗口中的不同位置，以获取关于在该位置或使用该对象可执行的操作的菜单（例如在 MAXQDA 的代码系统、ATLAS.ti 的文档显示或 NVivo 的节点列表窗格中创建新代码）。如果你忘记了如何做某项操作，这通常是了解如何做这件事的最佳方式。

使用现有代码进行编码

最常见的情况是,你已经开发了大量代码,并且只是对文档内容进行编码。你阅读文本,将段落标识为已经拥有代码的某个主题。做这件事最简单的方法是拖放。在 MAXQDA 中,你可以选择一些文本并将其拖动到要使用的代码上,反之亦然,你也可以将代码拖动到选定的要编码的文本上。在 NVivo 中,你只能将所选文本拖动到要使用的节点上(你可能需要更改列表显示以查看节点)。在 ATLAS.ti 中则恰恰相反,选择文本,然后将所需代码从代码管理器窗口拖到所选文本上。

从转录稿中创建新代码

当你遵循归纳的方法时,你会这样做。你阅读文本,识别可以编码的一个主题或某些内容,并为其创建新代码并立即对文本进行编码。执行这件事的一种方法是选择要编码的文本,然后使用上下文弹出菜单(右键单击所选文本)。这适用于所有三个程序。

检查现有代码

一旦创建了一些代码并且(或者)完成了一些编码,就可以使用以下方法来检查创建的代码。

在 MAXQDA 中,代码会列在代码列表窗格中。

在 NVivo 中,代码列在列表视图窗格中。可能需要单击节点和文件夹以显示它们。在 NVivo 和 MAXQDA 中,可以按层次结构排列代码。(在 NVivo 中)使用加号、减号标志,或(在 MAXQDA 中)使用黑色小三角形来展开或折叠层次结构。

在 ATLAS.ti 中,如果显示了主文档,则可以在边缘区域中查看代码。要查看所有代码的列表,请打开代码管理器。或者,将代码拖动到新的空白网络并排列它们,将它们用表示关系的线连接起来。

在上下文中显示编码文本

通过一些已编码文本，你可以检查文档以查看它们的编码方式。这是重新对编码进行语境化的最重要的过程。这三个程序使用编码带、括号或条形来显示哪些行被编码过。通过单击编码带、括号或条形，将突出显示文本，以便可以看到已编码的确切字词。这样你就可以看到编码文本出现的上下文，并且如果你愿意，可以扩展或减少编码的文本量。

MAXQDA 和 ATLAS.ti 都可在正在显示的任何文档上显示编码带或括号，它显示了哪些行已使用哪些代码进行编码(见图 8.4)。单击代码名称或括号(条形)以准确显示哪些文本被编码了。

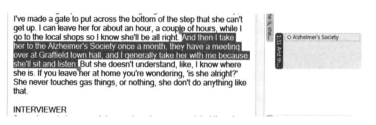

图 8.4　ATLAS.ti 中选定的引用栏显示引用中的文本

对于 NVivo，你必须选择显示编码带。选择"视图"功能区，然后从"编码带"按钮中选择一个选项。单击条带以准确显示哪些文本被编码了(见图 8.5)。

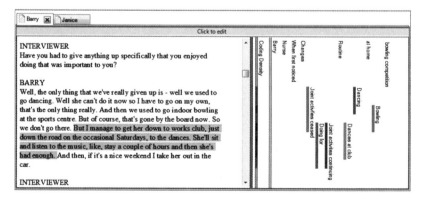

图 8.5　NVivo 中显示了编码带的文档

检索

　　完成一些编码后,你会想要检查使用特定代码编码的所有文本。该过程被称为"检索"。检索到的文本会告诉你所有研究参与者讨论代码所代表的特定主题的方式。因此,它是支持连续比较的关键功能(见第 4 章和第 6 章),从而有助于提高分析质量(见第 7 章)。可以将文本剪切并粘贴到文字处理器中,用于在最终写作中引用。

　　这些程序都有不同的方法实现检索。最简单的可能是 NVivo,只需双击"列表视图"窗格中节点的名称,该节点上编码的所有资料都将显示在"详细视图"窗格中的新选项卡上。显示结果包括了一些标题,用来说明摘录所来自的文档以及文档被编码的次数和被编码的篇幅。内容可以剪切并粘贴到文字处理器中。要在上下文中查看检索到的资料块,请使用资料块上的鼠标右键菜单,然后选择"打开参考点材料来源"。这显示了它所来自的文档,其中突出显示了被编码的文本。

　　ATLAS.ti 将可以被编码的文档块称为"引用",这些文档块可以单独列出。因此,首先列出代码所对应的引用,方法是在项目资源管理器中或从代码资源管理器的代码列表中双击代码。这将打开一个新窗口,其中列出了已编码的引用,依次双击每个引用将显示在相关文档中已选择的内容,因此你可以立即看到其上下文。如果要将其剪切并粘贴到文字处理器中,请单击所选文本。

　　在 MAXQDA 中,必须激活文档和代码才能进行检索。单击文档名称和代码名称旁边的灰点以激活它们(这些点及名称变为红色)。单击文档和代码后,在激活的文档中,被激活的代码检索出来的文本将显示在"已编码文本段列表"窗格中。单击每个段的文件名称以(在"文件浏览器"窗格中)在其上下文中查看被编码的文本(见图 8.6)。

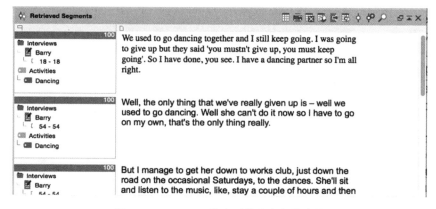

图 8.6　MAXQDA 检索到的文本段落窗格

本章要点

● CAQDAS 可以很大程度上帮助管理大型复杂资料集。但是，实际的分析思路必须由你——研究者来提供。编码和检索是大多数软件的核心功能，但本章中介绍的软件中有另一些功能，例如文本和代码搜索，也有助于分析。

● 一些用户报告的缺点包括感觉远离资料，软件设计过于受到扎根理论的影响。然而，现代软件具有非常好的功能，用来在上下文中检查编码并返回原始转录，并且尽管许多软件都受到扎根理论的强烈影响，但它们现在都具有一系列功能，使它们与该方法联系得不那么紧密。

● 主要的软件有三个：ATLAS.ti，MAXQDA 和 NVivo。它们在处理在线文档、编码、文本检索、在上下文中显示编码和备忘录编写等方面都具有相同的基本功能。

● 在将文档导入到软件之前，必须将它们放在正确的格式中。程序将接受 Word 的.doc 和.docx 格式的文件，并且将保留字体、字号、段落布局和颜色等。

● 所有软件都将资料排列到项目中。项目包含所有在线文档、编码、备忘录、属性、图表等。记得创建项目的定期备份非常重要。

● 你可以将新文档导入项目中，然后可以进行检查和打印。

● 三个程序中的每一个都允许显示代码列表，并可以按层次排列或显示。你可以将新代码添加到该列表中，然后可以识别能够与这些代码链接的文本段落。或者，你可以通过选择文本段落然后命名新代码来直接创建新代码。

● 一旦编码，链接到代码的文本就可以被检索生成单个文件或打印输出，或者已编码的段落可以在它们所来自的文档的上下文中查看。

拓展阅读

这些作品提供了关于质性分析中计算机和软件使用的更多信息：

Bazeley，P. and Jackson，K.（2013）*Qualitative Data Analysis with NVivo*，2nd ed. London：Sage.

Friese，S.（2012）*Qualitative Data Analysis with ATLAS. ti.* London：Sage.

Kuckartz，U.（2014）*Qualitative Text Analysis：A Guide to Methods，Practice and Using Software.* London：Sage.

Silver，C. and Lewins，A.（2014）*Using Software in Qualitative Research：A Step-by-Step Guide*，2nd ed. London：Sage.

软件网址如下：

ATLAS.ti	http://atlasti.com
MAXQDA	www.maxqda.com
NVivo	www.qsrinternational.com

9

使用软件进行搜索和其他分析活动

主要内容

　　搜索

　　属性

　　使用代码和属性进行搜索

学习目标

　　阅读本章后,你应该能够:

　　● 将搜索的相关性视为一种重要的分析技术,并了解计算机是如何在这方面出类拔萃的;

　　● 了解更多关于两种搜索——**词汇搜索**(lexical searching)和代码搜索——的信息,它们均被 CAQDAS 所支持,也在本章中被讨论;

　　● 知道词汇搜索涉及搜索文本;

　　● 知道代码搜索使你能够进行第 6 章中讨论的各种分析比较。

搜索

　　很多时候,进行质性分析包括阅读文本和在文本中查找内容。有时,这很难做到,因为专注于任务很难。当你阅读文本时,很容易对你无意中发现的其他事情感兴趣——你可能会说,这是质性研究者的职业病。此外,做重复性任务,例如查找特定术语或短语,可能使你感到无聊、变得马虎。风险在于，这会使你的编码方式产生偏差，从而使你可能从分析中得出的结论产生偏差。这是计算机可以提供帮助的一个领域，它们不会厌倦。搜索文本或编码文本的特定组合的软件将完全按照指令查找到每个目标。计算机搜索不能替代阅读和思考，但它有助于提高文本检查和分析的完整性和可靠性。

词汇搜索

上一章中讨论的三个 CAQDAS 程序（ATLAS.ti、MAXQDA 和NVivo)都包含处理这些问题的搜索工具，并让你能以复杂的方式搜索文本。在大多数情况下，文本搜索的使用是出于以下两个目的之一：编码文本和检查完整性。在第 4 章中，我们看到了编码如何通过阅读文档并对文档进行标记或编码来完成。这个过程涉及决定它的内容为何（代码或主题)，将它链接到代码（标记文本)，然后寻找更多关于同一主题的段落并以相同的方式对其进行编码。搜索可以通过多种方式帮助解决这个问题。

1. 了解你的资料。因为你仍然需要检查找到的文本，所以这种搜索实际上可以用来让你了解你的资料。可以采用的策略是搜索可能与你的理论直觉相关的措辞，然后查看原始文档中检索到或找到的段落。在每个程序中，你都可以通过搜索创建新的编码（有时称为"自动编码")。请记住，不必保留结果。如果程序发现的文本太少或太多，你可以随时删除代码、解除不相关的段落代码或修改被编码的文本。

2. 找到类似的段落。编码中的一项关键活动是寻找类似的段落。通常，已编码的段落会包含可能在其他地方出现并表明相似主题的措辞、单词或短语。将这些表述放入文本搜索工具中以查找所有进一步的事件。显然，这并不意味着你现在已经找到了所有可以用该代码编码的段落。可能会有相关段落并不包含你所查找的单词，或者受访者可能会用其他方式表达自己，使用与你搜索的词语同义的表述或词汇。其中一些词汇可能会在你的初始搜索操作所得出的新段落中找到，然后这些词汇可以被用作新的搜索词。即便如此，也无法保证搜索会是完整的。人们可能会谈论你感兴趣的事情而不提及你搜索过的任何关键术语。你仍然需要阅读文本并寻找其他候选编码。

除了无法找到一些相关的段落之外，计算机搜索还可能会找到实际上根本不相关的段落。这些段落包含搜索词，但实际上并不涉及相关的主题或想法。有时这是因为它们确实关于同一主题但表达了不同或相反的观点。在这种情况下，可以考虑为它们创建一些新代码。在其他情况下，这些段落与最初的编码想法没有任何联系，那就可以忽略（或不编码）。因此，搜索操作的每个结果都需要你人工通读所发现的内容并评估其意义，以及它们与你正在研究的概念之间的相关性。使用软件进行搜索会确保你找到不使用软件时可能错过的内容，但无法确保只找到相关文本。

3. 寻找反例。文本搜索的另一个重要用途是检查编码的完整性和有效性。这通常相当于搜索所谓的反例，如第 7 章所述（另请参见 Flick，2018c）。如果在对资料进行详尽检查后，我们只能找到一些（或更好的情况是没有）反例，那么我们就可以更加确信我们的解释在资料中具有一定的效度和基础。如果你使用从代码中检索到的文本来查看是否存在与特定上下文相关的反例，那么你所依赖的就是编码时没有遗漏任何重要例子。人类研究者的不可靠性再次成为限制。在你所发展的代码中，很容易遗漏本应该编码的文本示例，因为你没想到会在这种特定情况下找到它，或者因为它没采用你设想的字词的形式。正是这些类型的例子可能构成在效度检验中非常重要的反例。计算机不受这种不可靠性的影响，因此，计算机搜索可以确保所有明显的文本示例（使用你知道或能想到的表述和段落）都被编码到代码中。虽然这很有用，但重要的是不要忘乎所以。计算机永远无法为你完成所有工作。总会存在不适合任何文本搜索模式的文本示例，并且只有通过仔细阅读文档才能发现。

这种搜索方法被称为"词汇搜索"。这是一种非常有用的方法，不仅能够用于查找关键术语，而且可以用来检查它们出现位置的上下文。这将使你能够发现术语的内涵范围以及与之相关的意象和隐喻的种类。但是，正如韦弗和阿特金森（Weaver and Atkinson，1994）指出的那样,你需要意识到,由此生成的编码可能与你使用其他策略(例如仔细阅读文本)生成的编码有很大的不同。然而,这可能是一个优点。其他方法倾向于(也许过多地)反映分析者的构想,而词汇搜索则更加开放。

在进行文本搜索时,不必只保留相关的术语和主题。在查看一段文字时,你可能会遇到其他值得编码的想法、主题或问题。使用新代码快速对文本进行编码并编写备忘录以捕获你已有的想法,然后返回原始搜索。

进行一次简单的词汇搜索

ATLAS.ti

单击"搜索项目"菜单以显示"搜索"功能区(见图9.1)。在"范围"部分中,勾选要搜索的各种来源(例如,仅搜索文档)。键入要搜索的术语,如果需要,请勾选区分大小写。单击搜索按钮($\mathcal{P}$)或按"回车"键,将打开"文本搜索结果"窗口,显示查询结果所在的文档以及所在文本行中已查找到的术语。依次双击其中的每一个,你会看到已查找到的术语在文档中被选中了。现在,你可以对任何适当的文本进行编码并根据需要扩展所选文本。

图9.1　ATLAS.ti 搜索项目功能区

MAXQDA

单击词汇搜索按钮($\mathcal{P}$),会打开搜索对话框。单击"新建"按钮,然后键入搜索词或字符串。单击复选框以确定要搜索的方式(例如,只查找整个单词)。单击"运行搜索"按钮,会打开"搜索结果"窗口(见图9.2)。窗口中显示了在哪些文档中找到了哪些搜索字符串。依次单击每一个以在"文本浏览器"窗格中显示在上下文中被选择的字符串。"搜索结果"窗口是非模态的，即你可以在"搜索结果"窗口保持打开的状态下，处理文档文本。因此，你现在可以编码找到的任何适当的文本。

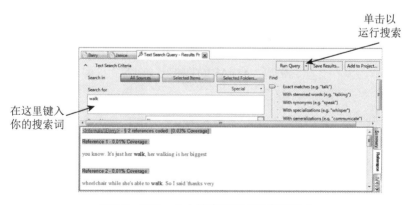

图 9.2　MAXQDA 搜索结果窗口

 NVivo

　　选择"查询"功能导航栏列表，然后单击"文本搜索"图标，你会在"详细视图"窗格中打开一个新选项卡。键入搜索词以及在窗格顶部显示的文件夹。单击"运行查询"，带有查找结果的文档列表将显示在文本搜索条件下方（现在可以隐藏它了——单击左上角的扬抑符）。单击右侧的"参考点"选项卡，查看每个查找结果与其前后几句上下文的显示。如果要在文档的更广泛的上下文中查看查找结果（例如，进行一些编码），请在每个查找结果上使用鼠标右键菜单（见图 9.3）。

单击以
运行搜索

在这里键入
你的搜索词

图 9.3　NVivo 文本搜索查询对话框选项卡

你可以使用通配符和特殊字符来同时搜索多个单词以及单词的变体。（要获得|字符，请同时按下"Shift"和"/"键。*）

表 9.1 搜索多个单词和单词的变体

	搜索字符串	会发现
ATLAS.ti	walk/walking/walks	"walk"和/或"walking"和/或"walks"等。
	walk*	任何"walk""walking""walks""walked""walkers"等。
MAXQDA	输入几个单词，然后单击"或"单选按钮。	"walk"和/或"walking"和/或"walks"等。
NVivo	walk OR walking OR walks	"walk"和/或"walking"和/或"walks"等。
	walk*	任何"walk""walking""walks""walked""walkers"等。

一个例子

为了说明其中的一些过程，我将展示来自一个项目的例子，该项目访谈了许多约克郡失业者。除其他事项外，他们还被问及找工作的情况。几个受访者提到的一项活动是使用非正式社会网络作为寻找工作的方式，而一位受访者提到了"口口相传"在寻找空缺职位方面的作用。相关单词的文本搜索被用来确定是否有其他人谈到这一点。例如，"伙伴""亲戚"和"朋友"等字样被搜索了。

进行这样的搜索时，找到的文本是相关材料的混合，其中缺失了一些片段，含有虚假的发现，也含有适当但不相关的研究发现。上面关于"伙伴""亲戚"和"朋友"的搜索给出了以下文本段落。找到的单词以黑体显示，以便你可以发现它们。（注意这些说话者中有几个使用约克郡方言。）

汤姆(Tom)：

我通常在星期三或星期四查看报纸——当地报纸——这就是

---

* 中文键盘对应的按键为"Shift"和"\"键。——译者注

全部。嗯，我试图随时留意，以防有人听说过什么消息。我不停地问**朋友**（**friends**），四处询问。

阿萨德（Assad）：

我不知道……我应该说口口相传比什么都更有效。也许一位**伙伴**（**mate**）会突然说"我这里有一份体面的工作，你可能会喜欢"。仔细想想，它胜过其他任何东西。

布赖恩（Brian）：

他在斯通黑文大学从事化学工程，我可以和他一起工作，但事实上，空缺的职位**相当**（**relatively**）较少，如果你不是一位经验丰富的讲师，那么当然机会就更少。

访谈者：

你是怎么知道那份工作的？

马尔科姆（Malcolm）：

我的**朋友**（**friend**），他就住在这条路上。他是其中一个部门的经理。

安娜（Anna）：

我确实回去工作了，从9月到3月，在我被解雇之前，之后我在家待了12个月——好吧，11个月——我有一个在卫生与公共服务部（DHSS）工作的**朋友**（**friend**），她告诉我，她说"你应该从你的医生那里得到一张假条，说家里需要你"。

摘录自汤姆和阿萨德的前两个搜索结果，以及来自马尔科姆的第四个搜索结果，似乎是相关的。但是，目前尚不清楚阿萨德是否实际上是在使用非正式社会网络，还是只是在谈论它们。因此需要进一步检查其余的转录稿。来自布赖恩的第三个搜索结果是虚假的。之所以发生这种情况，是因为字母组合"relative"是在单词"相当"（relatively）的开头找到的。通过使用选项仅搜索整个单词或在搜索字符串中的单词后面插入空格进行搜索，可以避免这种情况。来自安娜的最后一个搜索结果确实是关于朋友的,但实际上并不是关于使用非正式社会网络的,因此是不相关的。这些示例说明了通过文本搜索找到的文本为何需要从头到尾检查。你需要通读一遍并确定摘录是否真的相关。如果程序已经对文本进行了编码,则需要解除不相关的发现的编码,并可能需要扩展其他编码以包含所有相关文本。或者,你可以在阅读到虚假的发现时直接忽略它们,并且在真正的"命中"(hit)的情况下,确定要使用新标签编码的文本。

　　除了获得不相关的命中之外,很明显,仅仅基于"伙伴""朋友"和"亲戚"这些表述的搜索,不会发现使用非正式社会网络寻找工作的所有讨论。可以采用以下几种策略来推进。

　　● 查看找到的文本,因为其中可能会使用其他表述,它们可供你进行进一步搜索,让你可能在其他地方找到其他相关段落。例如,对使用"朋友""伙伴"和"亲戚"这些术语搜索到的所有相关文本进行通读之后,接下来要搜索的单词就明确了:"非正式""内行""在这个行业""人脉""家人"。虽然"亲戚"在原始搜索中,但同样明显的是,在一些情况下,人们会直接提到特定的亲戚,所以搜索(至少)"父亲""母亲""女儿""儿子""叔叔"和"阿姨"等词语也很有用。

　　● 保留一份词汇表,包括这些表述以及你可以使用同义词词典或你自己的知识添加的其他术语。你也可以搜索这些术语,并将任何相关的进一步发现添加到原始编码的文本中。例如,在同义词典中查找"非正式的",将"随意的"和"非官方的"视为可以进一步搜索的表述。将此词汇表和任何想要搜索的字符串保存在 CAQDAS 项目的备忘录中,这样你就可以随时使用键盘快捷键 Ctrl-X 和 Ctrl-V(在 Mac 上的 Cmd-X 和 Cmd-V)将它们剪切并粘贴到搜索对话框中。(注意:在 MAXQDA 中,可以将单词和文本字符串的组合保存为搜索设置,以便以后再次使用。在 NVivo 中,可以将搜索规范添加到项目中,以便以后再次运行。)

搜索隐喻和说明

　　到目前为止,我已经将文本搜索视为创建和添加关于主题内容的编码的一种方式，但你也可以使用文本搜索来检查语言的实际使用，包括明喻和隐喻的使用。换句话说，你可能想调查受访者的话语。例如，你可能会在求职者中寻找宿命论的证据。这可以通过搜索表达宿命论的观点的单词和短语的特定用法来完成。快速通读求职项目中的一两个文档会产生以下似乎与宿命论相关的表述：

放弃、毫无意义、陷阱、被困、步履艰难、再也受不了了、绝望、只是运气、当天就是这样。

使用"搜索"查找这些单词和表述所有的出现情况。你还可以在文字处理软件中使用同义词功能来查找具有相同含义的其他表述。

对于隐喻和说明（参见第 6 章），文本搜索工具可以提醒你某些表述的使用，并很好地说明这个用法有多普遍。在为约克郡失业者项目寻找宿命论话语的证据时，到底有多少受访者谈到了"运气"就变得很明显了。在搜索字符串"运气|幸运的|不幸的"（luck | lucky | unlucky）并阅读表述出现的段落之后，我发现受访者主要是在试图说明为什么他们仍然失业，或者其他人是如何找到工作的。请注意，这只是对失业者提供的说明的研究的开始。有必要查看人们还提供了哪些其他类型的说明。同样，这需要一些阅读，但这可以通过搜索时发现一些新术语来补充。例如，一些受访者在他们的言论中使用了"幸运的"（fortunate）这个词，这是在搜索"运气"（luck）时发现的。这可以添加到搜索字符串中。

搜索有助于查找所使用的单词表明了主题内容的主题术语，但不太适合在叙事方面使用。在这里，重要的不是所说的内容，而是它是怎么说的，它为什么被说，以及这个人通过说这种话意图表达什么。因此，简单搜索单词（即使使用词汇表）也是不够的。但是，你可以在此处构建一种不同类型的搜索。例如，你可以查找人们在做出叙事动作时使用的那类词语。例如，在进行某些类型的谈话时，受访者可能会宣布他们即将诉诸他们身份的某一特定方面，方法是使用诸如"作为一名消防员来说……""根据我作为祖母的经验……"或"我们所有的自行车手都同意的是……"这类表述。你可以搜索"作为……来说""根据我作为……的经验"和"所有……都同意"这类表述和其他类似的表述用于找到这些叙事动作。总而言之,专栏 9.1 提出了一些搜索时的好的做法。

专栏9.1　创造性地使用文本搜索工具并提高有效性

● 使用搜索然后阅读得到的搜索结果以熟悉资料。

● 在已检查过的段落中,使用更进一步的相关单词和术语进行搜索。

● 将新的搜索结果与之前从搜索中创建的相关代码合并。

● 构建要搜索的术语的词汇表。使用同义词词典或你自己的知识添加这些术语。将词汇表保留在备忘录中。

● 寻找特定类型语言的使用,例如隐喻的使用,并调查项目资料的不同子集(如年轻和年老的受访者)之间的差异。

● 使用搜索来查找不符合你假设解释的反例。

● 通过搜索确定你认为占主导地位的主题是否真的占主导地位。它出现的频率可能比你想象的要少。

● 使用搜索来尝试实现编码的完整性,以确保所有主题的出现情况实际上已经被编码了。

● 将搜索结果分散到段落中并检查搜索结果,酌情添加到已编码文本中或从已编码文本中删除。

● 在备忘录上使用搜索来帮助控制你的分析。

(改编自 Gibbs,2002,p.123)

属性

属性是质性分析中使用的变量数据(variable data)的一种形式。通常而言,研究中的每个案例的每个属性都可被赋一个值。(如果该属性不适用,它们可能没有对应的值。)常见的例子是受访者的性别(男性或女性)、年龄(以年计)和居住地。通常,这些信息被记录在文档摘要表中。这类似于在定量研究中使用定类变量，但在质性分析中，我们还可以将属性和值应用于研究中的其他单元，如情境或事件。因此，对于情境来说，例如一项研究中的不同公司或企业，我们可以记录员工人数、公司名称和经理；或者对于事件来说，我们可以记录日期、时间和地点。属性通常是关于人、场景等的事实。然而，在稍后的分析中，你可能会开发分类甚至是**一种分类法**（taxonomy），它可以表示为属性，并可能应用于不同的案例。最常见的是，属性被用于使用代码控制检索和搜索，以便进行比较。（见下一部分。）

在项目中设置属性

ATLAS.ti

程序不直接处理属性，但你可以将文档和代码收集到群组中并将其用于搜索。单击"文档群组"（"主页"功能区的"管理器"区域中的下拉菜单），将打开"文档群组管理器"（见图9.4）。要创建新组，请单击"新建群组"按钮。输入一个群组的名称（实际上是属性值，例如"女性"，如果你研究的属性是性别的话），单击"创建"。要将文档归到该群组，请单击非群组内文档（在右侧），接着单击"<"按钮。然后对文档群组"男性"重复此操作。

代码、备忘录、引用和网络也可以使用各自的群组管理器，以相同的方式归到群组里。

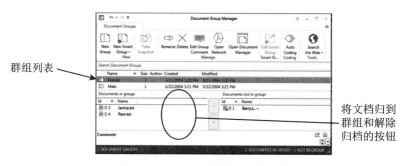

图9.4　ATLAS.ti 文档群组管理器

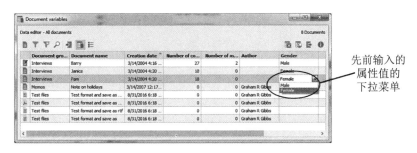 MAXQDA

MAXQDA 将属性称为"变量"。从变量菜单中选择"文件变量列表"。要创建新变量，请单击"新建变量"按钮（📧）。在对话框中，给变量命名并为其选择适当的类型。（如果值只是文本，则选择"字符串"。）单击"确定"，将出现一个带有变量名称的新行。要为每个文档输入值，请切换到数据编辑器（单击🖥️按钮），将出现一个带有变量名称的新的空列。单击此列中的单元格，然后为这篇文档键入一个值。输入一些值后，你可以使用下拉菜单选择先前输入的值。双击一个单元格，然后点击右侧的三角形以打开下拉菜单，选择所需的值（见图 9.5）。

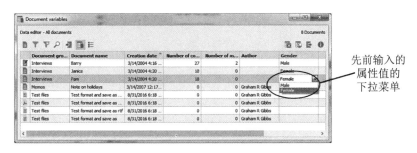

图 9.5　MAXQDA 属性表

NVivo

NVivo 将属性分组为"分类"。首先，创建一个新的分类。单击"导航视图"窗格列表中的"分类"，然后单击出现的"案例分类"文件夹。在"创建"功能区上单击"案例节点分类"，输入名称（例如"受访者"）并单击"确定"。（你可以选择对个人或组织使用预先定义的分类，它包含了已设置的许多相关属性。）选择刚刚创建的分类并在"创建"功能区的"分类"组中，单击"属性"。这将打开"新建属性"对话框。键入新属性名称（例如"性别"）。（如果值只是文本，则选择"文本"。）单击"值"选项卡，单击"添加"，键入需要的第一个值（例如"女性"）。单击"添加"以根据需要添加更多值。单击"确定"完成。

接下来，你需要将文档归到案例。例如，如果每个访谈都存储为一个文档,则每个文档都可以是一个案例。单击"导航视图"窗格列表中的"材料来源",然后单击窗格顶部显示的"内部组成"(Internals)文件夹。如果要显示的每个文档都是一个案例,则选择所有文档(Ctrl-A)。在"创建"功能区上,单击"创建为案例",出现"选择位置"对话框。在底部从菜单中选择你要使用的分类(你刚刚创建的分类),单击"确定"。现在,与文档名称相同的案例将被自动创建,这些案例将使用你创建的分类。

现在将属性值分配给案例,单击"导航视图"窗格列表中的"节点",然后单击窗格顶部附近显示的"案例"文件夹。案例列表显示在"列表视图"窗格中。在"探索"功能区中,单击"案例节点分类表",然后从下拉菜单中选择刚刚创建的分类。这将打开"细节视图"窗格中的分类表格(见图9.6)。单击一个空单元格,然后从值的下拉菜单中选择此案例的值。对创建的每个相关属性重复此操作。

图9.6　NVivo案例节点分类表选项卡

使用代码和属性进行搜索

所有这三个程序都包含搜索和检索已编码文本的功能——使用代码和/或属性进行搜索。这允许你进行非常丰富的比较。使用"搜索"或"查询"工具并检索和检查编码文本,可以进行第6章中讨论的所有不同类型的比较。

在进行文本搜索时,很明显的是,我们所要搜索的是文本,并且我们在文本中进行搜索。在使用代码和/或属性进行搜索时,这是不太明显的,但重要的是要认识到在使用代码和/或属性进行搜索时同样如此。在这些情况下,搜索所比较的是在代码或属性处编码或链接的实际文本。因此,在最简单的情况下,如果你搜索某一个或另一个代码,比较的是使用这些代码编码的文本。搜索将找到在任一个代码处编码的所有文本(如果有的话)(包括同时在两个代码处编码的文本,如果有的话)。

所有三个程序都允许组合搜索两个或更多代码(有时还有属性)。这种组合分为布尔型(Boolean)和邻近型(proximity)两种。布尔搜索使用"与"(and)、"或"(or)和"非"(not)等逻辑术语组合代码。这种类型的搜索以数学家布尔(Boole)的名字命名,他是首个将逻辑术语形式化的人。常见的布尔搜索是"或"(也称为"组合"或"并集")和"与"(也称为"交集")。邻近搜索依赖于编码文本在其他一些编码文本附近、之后或者可能与之重叠。常用的邻近搜索是"后接"(followed by,也称为"序列"或"前述")和"邻近"(near,也称为"共现")。表 9.2 解释了它们的工作原理并给出了一些例子。虽然布尔搜索和邻近搜索对于调查资料和检查直觉都很有用,但布尔搜索在检查与资料有关的假设或想法方面最有用,并且依赖于一致和准确的编码,而邻近搜索通常用于编码的早期阶段,可以更试探性地使用并用来对资料进行探索。

表 9.2　使用代码 A 和代码 B 进行常见的布尔搜索和邻近搜索

搜　　索	会发现	常见用法
A 与 B	只有同时使用 A 和 B 编码的文本,而不是仅使用代码 A 或代码 B 中的一个编码或者两个代码都不使用的文本。	如果 A 是"给出说明"而 B 是"逃学",那么 A 与 B 将找到受访者解释他们为什么远离学校的所有语句。
A 或 B	任何用 A 或 B 或同时用两者编码的文本。注意同时对三个或更多代码进行搜索时,使用"或"搜索通常很有用。这将找到用这些代码中的任何一个编码的文本。	在一个关于与伴侣分居的人的项目中,如果 A"被抛弃",B 是"疏远",C 是"共同协议",那么 A 或 B 或 C 将找到并汇集人们描述他们分居的原因的所有方式。

（续表）

搜　索	会发现	常见用法
A 后接 B	用代码 A 编码的文本，后面跟着一些用代码 B 编码的文本。你可能必须指定两者的接近程度。	在同一个关于与伴侣分居的人的项目中，如果 A 是"转折点"而 B 是"培训"，则 A 后接 B（检索 B）将显示人们谈论他们在转折点之后的接受培训的语句。
A 邻近 B	只有用一个代码编码的文本出现在用另一个代码编码的文本附近（之前、之后甚至重叠）时，才会被搜索到。你需要定义邻近的含义，例如"在两段之内"。	在无家可归者项目中，如果 A 是"变得无家可归"而 B 是"愤怒"，那么 A 邻近 B（检索 A）将显示人们谈论变得无家可归时表示出愤怒的语句。

　　例如，要生成输出，使你能够为第 6 章表 6.5 中的每个单元格填入内容，你需要用"规律的"、"随意的"和"创业的"这三个代码所编码的文本，以及要么是一个性别的属性或变量，要么是一个"男性"和"女性"的文档集。然后，你可以搜索属性值为"女性"，并使用代码"常规的"进行编码的文本，然后是属性值为"男性"，并使用代码"常规的"进行编码的文本。然后对代码"随意的"和"创业的"重复以上步骤。

搜索编码为"常规的"的文本且其属性值为"男性"或"女性"

@ ATLAS.ti

　　设置一个男性文档的文档组，并设置另一个用于女性文档（如上所述）。单击"分析"功能区中的"查询工具"图标，会打开 ATLAS.ti"查询工具"选项卡和"查询工具"功能区（见图 9.7）。双击编码列表中的代码"规律的"，其名称将被复制到"查询"列表中。找到的引用列表显示在"搜索引用"列表中（右下角）。双击"结果"列表中每个引用的示例文本，以查看在项目主窗口的选项卡中显示的文档中突出显示的编码文本。

　　单击"查询工具"功能区中的"编辑范围"按钮，将打开"查看工具"选项卡中的"范围"窗格。双击"文档群组"列表中的"男性"群组，"男

性"群组将被复制到"范围"列表中,"查询搜索引用"列表中显示的引用
列表也将被缩减为仅显示男性群组的文档中的引用。通过在结果列表
中依次双击每个引用,来检查文档中的引用。如果将"查询工具"选项
卡浮动到单独的窗口中,你可能会觉得更轻松一些(使用选项卡名称上
的弹出菜单)。在新的"查询工具"选项卡中重复此过程,但是要双击
"查询范围"对话框中的"女性"群组,以仅显示女性群组的文档中的
引用。

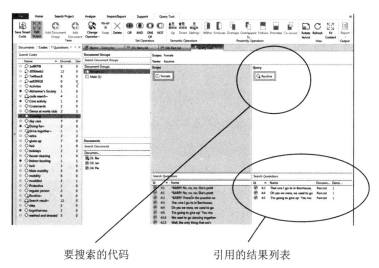

要搜索的代码　　　　　　　　　引用的结果列表

图 9.7　ATLAS.ti 查询工具选项卡

🄼 MAXQDA

首先,你需要激活男性的文本。在"文档列表"窗格图标栏中选择
"激活标准"按钮(　　),会打开"按变量激活文件"对话框。在变量列表
中,双击"性别"将其移动到所选列表。(假设你已将文档归到属性值
"男性"或"女性"。)从"变量值"下面的下拉菜单中选择"男性",单击"启
用",在代码系统窗格中找到代码"规律的"并通过单击它旁边的灰点激
活它(灰点将变为红色箭头并显示图标)。"检索到的文本段落"窗格现
在将显示仅在男性文档中使用"规律的"编码的文本片段。对于女性文
本,重新打开"按变量激活文件"对话框,然后使用"变量值"下拉菜单,

将选择更改为"女性"。单击"启用"。假设代码"规律的"仍然被激活，那么在女性文档中用"规律的"编码的那些文本片段现在将显示在"检索到的文本段落"窗格中。

NVivo

单击"查询"功能区上的"编码"，会打开"编码查询"选项卡（见图9.8）。确保第一个下拉菜单显示"全部"，第二个菜单显示"编码所在位置"。在第三个菜单里选择项目"任何具备以下特征的案例节点"并单击它旁边显示为三个点的图标。这将打开"选择项目项"对话框，以便我们选择要使用的属性值。首先，单击之前用过的分类旁边的加号来查看其中的属性。单击"性别"，然后点击"确定"。返回"编码查询"，出现两个新的下拉菜单。确保第一个菜单显示"等于值"，然后在第二个菜单选择值"男性"。接下来，在它右侧，单击加号以添加进一步的条件。确保这个新的一行上的第一个下拉菜单显示为"编码所在位置"，第二个下拉菜单显示为"所有选定的节点"，然后单击旁边显示为三个点的图标。这将再次打开"选择项目项"对话框，来让我们选择所需的节点。使用加号在节点列表中导航，直到找到所需的节点"规律的"，然后单击它旁边的方框以勾选它，点击"确定"。现在单击"运行查询"。男性案例中由"规律的"编码的文本将显示在文本搜索条件下方（现在文本搜索条件可以隐藏——单击左上角的扬抑符）。重复搜索，但选择属性值"女性"。在显示结果的两个选项卡之间切换以检查差异。

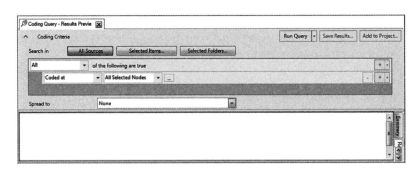

图 9.8　NVivo 编码查询选项卡

搜索还有很多内容,而不仅仅是搜索文本和/或代码。所有这三个程序都允许非常复杂的搜索和复杂的代码组合(以及对 MAXQDA 来说的变量、ATLAS.ti 中的群组和对 NVivo 来说的属性)。一种特别强大的搜索形式是 NVivo 执行所谓的矩阵搜索的能力和 ATLAS.ti 执行"代码共现"查询的能力。有了这些,你可以在单次搜索中生成支持我在第 6 章中描述的某些表的文本搜索结果。矩阵搜索的概念是根据一组代码搜索另一组代码(或者在 NVivo 中的节点或属性的组)。在第 6 章的示例中使用 NVivo,将使你能够一次性找到根据"规律的""随意的"和"创业的"这三个代码搜索性别(男性或女性)获得的六组文本。你选择执行的搜索类型(上例中的"与")依次应用于每对代码和/或属性:"男性"与"规律的"、"女性"与"规律的"、"男性"与"随意的"、"女性"与"随意的"、"男性"与"创业的"和"女性"与"创业的"。

搜索的优点和缺点

搜索是 CAQDAS 程序中最强大的工具之一。它既可以用于资料的探索性方法,只是看看有什么,也可以用于检查直觉。正如我上面所描述的那样,文本搜索非常适合于探索,但你也可以用这种方式使用代码搜索。例如,它可用于详细说明回答的维度,你可以将其用作发展分类法、改进代码层次的内容和结构的方法。例如,在约克郡失业者的项目中,假设你已经完成了代码搜索,将关于各种求职服务评估的所有文本汇总在一起(例如,通过一个"或"的搜索)。通读文本后,你可能会注意到受访者对服务有几种不同的回答。一些受访者认为它们有帮助,有些人认为它们遥不可及,有些人认为它们与他们的需求无关。你可以为这些想法创建新代码(从找到的文本中为它们编码)作为评估概念的维度。

代码搜索也可用于检查直觉和想法:实际上是一种假设检验。例如,在对失智症患者的护理者的研究中,你可能会有这种直觉,即男性护理者可以从国家服务机构以及志愿和慈善组织中获得更多或不同种类的帮助。根据各种服务机构和组织提供的各种帮助的代码搜索属性/变量/文档群组"性别"，将检索出可以比较的男性和女性的文本。你可能会发现有些代码对于女性是完全缺失的，这表明她们根本没有提到这种帮助。但比编码文本的缺失或存在更重要的是比较男性和女性关于服务机构所说的实际内容。通过进行这样的比较，你将真正感受到女性和男性获得的帮助是如何不同（或相似）的。

可靠性和搜索

另一方面，代码和属性/变量搜索取决于你的编码和对属性的赋值。如果你的代码定义不明确，应用不一致，甚至在概念上重叠和混淆，那么代码搜索的结果将是有偏见且不可靠的。你需要确保代码被明确定义，并且由它们所编码的文本与这些代码相关且编码一致。你需要时刻留意编码中遗漏的文本。但即使编码接近完美，代码和属性/变量搜索也不是假设检验和模式搜索的完美工具。如果文本反映了内置在这种搜索中的假设，那么找到关系（或者找不到关系）才是可靠的。这些假设包括：记录的文本是完整的（它记录了所有实际发生的、本来可以说的相关事情，等等），文本结构合理（所有关于一个问题的讨论都在文档中彼此接近）。

最后一点是邻近搜索的一个特殊问题。邻近搜索依赖以下事实：当人们谈论一件事时，他们倾向于在它之前或之后不久谈论与它相关事情。事实可能并非如此。例如：

● 人们可能会在某个时刻将特定问题集中在一起讨论，因为这在访谈或讨论的那个时刻服务于他们的目的，之后他们可能会将完全不同的相关问题集中在一起。

● 并不罕见的是，在稍后的访谈中，受访者记起他们之前想说的话。

出于这个原因，相关问题可能不会在转录稿中一起出现甚或彼此邻近。因此科菲(Coffey)和阿特金森所表达的谨慎态度是值得记住的：

　　鉴于质性资料固有的不可预测的结构，共现或邻近并不一定意味着类别之间存在分析上显著的关系。这个假设与假定经常出现的代码具有更大的意义的假设一样不牢靠。分析意义不是由频率保证的,关系也不是由邻近保证的。然而,这种检验想法和资料的方法,作为想法和资料随着研究过程的展开而不断相互作用的一部分,具有一种一般意义上的启发式价值。(Coffey and Atkinson 1996,p.181)

本章要点

● 使用计算机进行文本和词汇搜索,能够让你寻找相似的段落进行编码,寻找反例或只是让你熟悉资料,从而帮助分析。这样的搜索是高效的——所有搜索词的出现情况都将被发现,不管它们是否相关。因此,你必须检查搜索结果以确保它们是相关的。

● 词汇搜索的好坏取决于所搜索的词,因此编制一份要搜索的相关术语表是必要的。这些术语可以来自现有的理解和理论、同义词词典,或者,你可以通过检查已找到的附近的文本来发现相关字词。

● 属性和变量是存储有关案例和场景的简单信息的简单方法。它们可用于优化搜索。

● 三个 CAQDAS 程序包还都支持使用代码进行搜索。在这种情况下,搜索的是任何与指定代码匹配的文本。这种搜索可以组合成布尔搜索(例如 A 与 B、A 或 B)和邻近搜索(例如 A 后接 B、A 邻近 B)。

● 词汇搜索和代码搜索都可用于探索和熟悉你的资料。搜索代码也可用于寻找模式(使用比较)以及检查对资料中关系的直觉。

拓展阅读

以下这些书更详细地探讨了计算机在分析质性资料中的应用:

Bazeley, P. and Jackson, K. (2013) *Qualitative Data Analysis with NVivo*, 2nd ed. London: Sage.

Friese, S. (2012) *Qualitative Data Analysis with ATLAS.ti.* London: Sage.

Kuckartz, U. (2014) *Qualitative Text Analysis: A Guide to Methods, Practice and Using Software.* London: Sage.

Lewins, A. and Silver, C. (2014) *Using Software in Qualitative Research: A Step-by-Step Guide*, 2nd ed. London: Sage.

10 融会贯通

主要内容
    阅读
    写作
    编码
    关系和模式
    分析质量

学习目标
    阅读本章后,你应该能够:
    ● 在上下文和相互关系中看看本书所讲的质性分析的不同步骤;
    ● 对质性分析有更全面的看法,依旧是通过将编码放在阅读和写作的语境中;
    ● 了解更多关于分析质量的问题。

阅读

    对于那些不熟悉质性分析的人来说,最困难的事情之一就是对他们的资料进行全面的诠释。新手分析者会阅读他们的转录稿,并倾向于进行直接的、基于印象的、表面的阅读,即对首先引起他们注意的内容进行解释。这种诠释未能认识到质性资料是多层次的,而且是可以用不同但同样合理的方式诠释的。

本书试图指出一些技巧或方法，这些技巧或方法将帮助你找到诠释并将它们从描述性层次转移到更具分析性的层次。一个关键的例子是更仔细地阅读文本（或检查非文本资料），即进行我所谓的精读。在一个文本或情境中总会发生很多事情，不仅人们所说的内容丰富多样——人们正在做的事情可以同时以几种不同的方式理解——而且人们还通过他们的行为和表达自己的方式，来指认自身和周围的世界。阅读并重新阅读文本（或重新检查非文本资料），这样你就会对它完全熟悉，而且每次你这样做的时候都会提出新的问题。

写作

所有质性分析都涉及写作。在经历了收集和分析资料的所有麻烦之后，当然，也考虑到参与者为你提供资料所付出的努力，写出结果并发表它们是很有意义的。但是，质性资料分析的写作不止于此。撰写有关你的资料的信息甚至重新撰写，是分析本身的重要方面。撰写有关资料的信息既是一种记录保存形式，也是一种创造性过程，你可以在其中发展关于项目的想法。一个主要形式是撰写笔记和备忘录。所有这些都将帮助你产生想法，这些想法可以构成分析的一部分。它将提供这一过程的证据，并确定你自己的立场、观点、理论甚至偏见可能形塑或创建你所提出的分析的方式。写下分析过程，也许是通过撰写研究日志的方式，可以帮助你反思自己的工作，让你意识到自己的立场、兴趣和偏见是如何指导你的分析的。

编码

我将本书的中心位置给了编码。并非所有的质性研究者都会编码，但对于大多数人而言，这是他们整理并设法驾驭庞大数量的资料的关键技术。编码能够以各种方式使用，最常见的是对资料的主题内容进行类属化。这有助于相对快速地检索和比较所有用相同代码标记的资料，这些资料是你感兴趣的某些动作、情境、策略、意义和情感等的示例。但是编码可以与标记文本的其他方法一起使用，如突出显示、画圈、下划线、评论等，只是为了表明你感兴趣的事项，或许你在以后的分析中还会返回。以这种方式使用编码更类似于插书签而不是类属化。逐行编码往往是这样的，但你可能会发现许多你逐行编码或以其他方式标记的材料，最终可以用更系统的主题代码进行类属化。

代码在分析中代表一些概念、主题或想法，你应该保留一个代码簿，列出所有代码及其定义和相关备忘录。一些分析者认为，仅以这种方式列出代码不是分析，它只是组织分析的一种方式。其他人认为这种组织可以有一定的分析目的，因此是分析的关键部分。关键是你的写作永远不要仅仅依赖你的代码簿中的主要代码。有许多糟糕的学生作业——以及已发表的作品——的例子往往基于印象和轶事，只是简单地组织为资料中每个重要主题的描述或摘要。虽然这可能是有趣的，特别是当研究是关于其他人很少经历的情境或情况时，但是，通常它又只是总结了我们已经知道的。你需要超越这一点。重新检查资料，找到不一定是人们所说或所做的事情中显而易见的现象。优秀的分析工作可以做到这一点，同时还能运用理论来解释和理解正在发生的事情。杰出的工作甚至可能提出新理论或者至少是现有理论的新应用。

关系和模式

超越描述性和基于印象的写作的一种方法是在资料中寻找模式和关系。寻找不同的案例、情境、参与者、情况、动机等之间的不同和相似之处，并使用属性/变量和表来研究它们。这种搜索的一个后果是，你会面临为什么会出现这些差异和相似之处的问题，而且你有义务为这些模式提供解释和理由。丰富的质性资料在这里是有帮助的。深描提供了人们的动机、意图和策略的证据，因此可以提供关于他们做事理由的暗示（即使他们当时没有意识到，也没有直接告诉你这些理由），但这也存在基于片面的或有偏见的资料提供解释的危险。这就是为什么在检查资料时要做到详尽和具有分析性是很重要的。你需要开诚布公地说明你的解释在多大程度上是基于寻常或不寻常的情况，以及你的证据在多大程度上使你对你的解释有信心。

分析质量

你无法简单地遵循公式，以确保你的分析具有良好的质量（要进行更深入的讨论，另请参阅 Flick，2018c），并确保你的分析不会在你没有意识到的情况下堕落为叙述轶事、表达偏见和偏袒。这里唯一的建议是仔细和全面地进行分析。通过使用代码层次结构、表格和连续比较，当然也通过频繁重读你的转录稿、笔记和备忘录，你可以确保你的分析不仅是详尽的，而且是平衡的，并充分受到所收集资料的支持。CAQ-DAS 程序可以帮助确保全面和详尽的研究，但它们不是至关重要的，尽管许多研究者现在发现它们为其分析活动提供了宝贵的支持。计算机无法替你做诠释。终究，提出诠释、发展分析性的解释并以适当的理论巩固整体分析，依然是你作为人类研究者的责任。全面而详尽地进行这一努力，将有助于确保你的分析不仅质量良好，而且最终饶有趣味、有说服力、意义重大。

术语表

Accounts

叙述/说明：一种特殊的叙事形式，在这种叙事形式中，受访者试图对其行为或情况进行说明、解释、辩解、合法化等。

Anonymization

匿名化：在转录稿和研究报告中改变名称、地点、细节等可能识别出人员和组织的信息的过程。如此一来，人员和组织无法被识别，但整体意义得以保留。

Attributes

属性：一个或多个个人、案例或情境所拥有的一般特性。非常像定量分析中的变量。属性可以用来识别组内的相似性或组间的差异性。一个属性（例如性别）可以具有若干值（例如，男性、女性、不相关），并且对于每个属性，任何一个特定案例可以被赋予仅仅一个值。

Autocode

自动编码：一些 CAQDAS 程序中的功能，用于对搜索结果进行编码。

Axial coding

轴向编码：扎根理论中编码的第二阶段，这一阶段探讨类属的关系并建立类属之间的联系。分析者开始选择代表并突出显示资料中核心问题或主题的代码。

Bias

偏见：任何系统性地扭曲研究结果的影响。在现实主义的研究路径中，这将模糊正在研究的内容的真实性质，并且可能由研究者或收集资料的程序（包括抽样）引起。从相对主义或诠释主义的角度来看，它没有多大意义，因为不存在所谓真实性质，因而关于它的研究发现也就不存在偏见，尽管对研究的反身性说明确实解决了偏见概念所涉及的信任问题。

Biography

传记：关于一个人生活的深入的书面陈述或叙事。它通常具有一种结构，并以关键主题表达，经常带有顿悟或转折点。叙事通常是按时间顺序排列的。

CAQDAS

计算机辅助质性资料分析软件：注意，电脑只提供帮助。该软件不进行分析。该术语由菲尔丁和李于 1991 年提出（Fielding and Lee，1991）。

Case

个案/案例：正在被研究的单个单位。一个个案可以是个人、机构、事件、国家或地区、家庭、情境或组织。使用哪种对象取决于正在进行的具体研究。

Code

代码：表示资料的思路、主题、理论、维度、特征等的术语。在质性分析研究中，文本段落、图像等可以链接到相同的代码，以表明它们代表相同的思路、主题、特征等。

Codebook

代码簿：质性资料分析项目中使用的代码列表，通常包含其定义和一套编码规则或指南。也称为"编码框架"（coding frame）。

Coding

编码：一种行为，先通过判断是否体现一些想法或概念，来识别文档中的一段文字、图像或图像的一部分，然后将其链接到表示该想法或概念的一个已命名代码。这表明它与其他被同样编码的段落或文本共享某个代码和/或其定义所指示的特征。所有与同一个代码相关联的段落和图像可以一起检查，并识别它们的模式。

Coding brackets

编码括号：传统上，这指的是（彩色）色带、条形或方括号，位于文本的空白处，并带有相关的名称，以显示行是如何编码的。在 CAQDAS 中，这是通过在文档一侧（在 MAXQDA 中位于左侧，在 ATLAS.ti 和 NVivo 中位于右侧）的窗格中显示（可选）纵向的彩色条来体现的。每个编码括号都以编码文本的代码标题命名。

Comparative analysis

比较分析：在这种分析中，分析在同一时间点上来自不同情境、组或在一段时间内来自相同情境、组的资料，以识别相似性和差异性。另见**连续比较**。

Confidentiality

保密性：对受访者提供的信息性质进行系统性保护，使其不会向研究团队以外的其他各方披露。

Constant comparison

连续比较：在扎根理论研究中使用的研究步骤，将新收集的资料不断与先前收集的资料及其编码进行比较，以便发展完善理论范畴。目

201

的是检验可能使这项研究朝着新的和富有成果的方向发展的新想法。

Data

资料：通过社会研究产生和记录的信息的项目或单位。（单数形式是 datum。）资料可以是数字的(定量的)，也可以是由文字、图像或对象(质性的)组成的。自然发生的资料是那些记录了无论研究者在场与否都会发生的事件的资料。然而，资料并不是"现成的"，等着被收集。资料是研究本身的产物，由研究过程决定。

Data archive

资料档案：一种档案形式，其中包含由研究产生的资料。通常是来自调查的定量编码材料，或是作为社会研究的一部分所收集的质性材料。通过档案，它们可以被二次分析。

Descriptive coding

描述性编码：在一项研究中，只简单地对涉及人物、事件和情境等的表面特征进行编码。

Discourse analysis

话语分析：一种强调社会世界的不同版本如何在谈话和文本中产生，特别是参与者如何构建自我和他人的方法。谈话或文本的所有特征都被视为在执行某种行为(例如，对他人行使权力和进行控制)。

Epiphany

顿悟：某人的传记或生活史中的转折点。它将传记分为截然不同的时期，即顿悟前和顿悟后。人们通常将自己描述为被顿悟所改变，或者说自己在顿悟之后变成了另一个人。

Ethics

伦理：一个哲学分支和日常思维领域，讨论道德上什么是对和什么是错的问题。

Ethnography

人群志：一种多方法的质性研究路径，用于检验特定的社会情境和系统地描述一群人的文化。人群志研究的目标是了解当地人/局内人对自己世界的看法。最初与人类学相关，它仍然倾向于自然主义的资料收集形式，例如实地调查，也就是说，花时间与一个群体"生活"在一起。

Field notes

实地笔记：当研究者在所研究的"环境"现场的时候，对他们的思考和观察所做的笔记。

Generalizability

可推广性：将研究所发现的适用于特定样本或示例的解释和描述应用于更广泛的人群的合理程度。

Grounded theory

扎根理论：由格拉泽和斯特劳斯提出的一种归纳式的质性研究，在扎根理论中，资料收集和分析是一起进行的。连续比较和理论性抽样被应用，以协助从资料中系统地发现理论。因此，理论仍然建立在观察的基础上，而不是在抽象中产生。个案、情境或受访者的抽样是以验证处于发展中的解释的局限性的需要为指导的，而这些解释始终扎根于所分析的资料。

Idealism

理想主义：世界存在于人们的思想之中，并没有独立于人们思想之外的简单外在现实的观点。

Induction

归纳：从一些具体的陈述、事件或观察，到一般性理论或对情况、现象的解释的逻辑过程。

Informed consent

知情同意：获得个人自愿同意参与研究的过程，这种自愿同意是建立在个人充分了解其可能的利益和风险的基础上的。

Interpretive coding

诠释性编码：研究者对研究内容进行诠释以产生某种概念、想法、解释或理解的资料编码。诠释可能基于受访者自己的观点和经验、研究者的观点或理解以及一些已有的理论或框架。

Intertextuality

互文性：一个文本在另一个文本中的呼应。互文性可以采用明确的交叉引用、文体方法或隐含的主题的形式。

Lexical searching

词汇搜索：用于查找受访者使用的单词和短语的出现情况并调查其使用语境的文本搜索。

Life history

生活史：一种访谈形式，其焦点是参与者的生活故事。这样的访谈往往是按照生命历程的时间来安排的，但其他方面也相对开放。

Memo

备忘录：分析中使用的文档，包含研究者对项目主要资料或代码的评注。备忘录可以是链接到特定资料（特别是在 CAQDAS 中）的单独的文件，或者可以被收集起来形成研究日记。

Metaphor

隐喻：在语言或文本中使用意象作为一种修辞手段。隐喻的使用可能表明文化上共享的想法或表达上的困难之处。

Model
模型：一种绘图手段，通常以图表或简图表示，旨在表示研究领域中关键要素之间的关系。模型可以是预测性的、因果性的或描述性的，并且可以是话语的、数学的或图形的。

Narrative
叙事：讲述一个事件和经历的故事的文本或谈话，通常涉及个人维度，并从个人的角度讲述。

Narrative analysis
叙事分析：话语分析的形式，旨在研究文本在建构过程或序列时起作用的文本结构的手段。

Open coding
开放编码：扎根理论中编码的第一阶段，在这一阶段，对文本进行反思性的阅读以确定相关类属。在阅读文本时创建新代码，并给出理论性的或分析性的（而不仅仅是描述性的）名称。相关的文本都被编码在同一个代码中。分析者可能会尝试发展类属（代码）的维度。

Participant observation
参与式观察：人群志学者最常采用的方法，即研究者参与社区或群体的生活，同时对成员的行为进行观察。可能是隐蔽性的或公开性的。

Postmodern(ism)
后现代（主义）：知识分子中的一种社会运动或时尚，它拒绝现代主义的价值观，即理性、进步，以及社会科学是寻求对人性或社会、文化世界的总体解释的观念。相反，后现代主义者庆祝这种压迫性的宏大叙事的衰落，强调当代经验的碎片性和分散性的本质。它的极端形式拒绝绝对真理或知识的存在,否认科学解释社会现象的能力。

Realism

现实主义:现实独立于我们的思想和信仰,甚至我们的存在而存在的观点。研究可以为我们提供有关这一现实的直接信息,而不仅仅是对现实的建构。然而,一些更微妙的现实主义者确实认识到语言中的建构属性。

Reflexivity

反身性:从广义上讲,它是指一种观点,即研究者不可避免地以某种方式反映其环境的观点和利益。它也指的是研究者在研究过程中,无论是在生成资料还是撰写报告时,反思自己的行为和价值观的能力。

Relativism/relativist

相对主义/相对主义者:在概念或伦理意义上,对判断真理或道德的绝对标准的拒绝。文化相对主义认为,不同的文化以不同的方式定义现象,因此一种文化的视角不能用来判断甚至理解另一种文化的视角。

Reliability

可靠性:不同的观察者、研究者等(或不同场合的相同观察者等)关于同一研究对象所进行的观察或所收集的资料的相同程度。这一概念在质性研究中具有很大的争议性,因为在质性研究中对于什么是同一研究对象通常是不清楚的。

Retrieving(codes or data)

检索(代码或资料):将所有以单个代码编码的文本收集在一起,以便检查其模式和共性的过程。

Rhetoric

修辞:使用语言来说服或影响人们,以及对这种方法进行的研究。

它涉及说话者或文章作者用来传达特定的印象或加强特定的诠释的语言策略。

Search

搜索:CAQDAS 的核心功能之一,包括词汇搜索(在文本中反复搜索单词和短语)和代码搜索。在代码搜索的情况下,搜索找到的是以特定方式编码(或不编码)并且以特定方式与其他编码段落相关(例如,它们重叠,它们同时由两个代码编码)的文本段落。

Selective coding

选择性编码:扎根理论的最后阶段,在这一阶段,中心现象或核心类属被确定,并且所有其他类属都与它相连。

Social constructionism

社会建构主义:一种认识论观点,认为社会和文化现象及其意义不是客观的,而是在人类的社会互动中创造的,也就是说,它们是社会建构的。这种方法通常(虽然不只是)借鉴唯心主义哲学。

Taxonomy

分类法:对项目进行严格的层次结构分类,在这种分类中,父项和子项之间的关系表述为"是一种……"或"是……的一个类型"。

Text

文本:从狭义上讲,这意味着一份书面文件。但是,这个词汇的使用范围已经扩展到任何可以"解读"的内容,也就是说,具有可以解释的含义的内容,例如广告、音乐或电影。符号学家将摔跤比赛和可口可乐罐等五花八门的物品视为"文本",认为其文化内涵值得分析。

Themes

主题:一个反复出现的问题、想法或概念,既可以来自先前的理论,也可以来自在质性资料分析过程中涌现的受访者的生活经验。它可用于建立可对文本进行编码的代码。

Transcription

转录：将谈话的录音、录像或手写笔记转换为打字或文字处理的形式的过程。在某些情况下，可以使用特殊字符来表示单词被说出来的方式。

Validity

有效性：一个说明能准确地表示其所指的社会现象的程度。在现实主义研究中，它指的是研究在多大程度上提供了被研究的人和/或情况的真实图景，这通常被称为"内部效度"（internal validity）。"外部效度"（external validity）是指从所研究的群体或情况中收集的资料可以在多大程度上推广到更广泛的人群。后现代主义者认为研究永远不能提供一幅真实的世界图景，因此对有效性是否可能成立提出质疑。

参考文献

Aristotle (1984) *Atistotle's Rhetoric*. Trans. W. Rhys Roberts. *Vol. 2. The Complete Works of Aristotle: Revised Oxford Translation*. Rev. and Ed. Jonathan Barnes. Princeton: Princeton UP.

Arksey, H. and Knight, P. (1999) *Interviewing for Social Scientists*. London: Sage.

Atkinson, J.M. and Heritage, J. (eds) (1984) *Structures of Social Action: Studies in Conversation Analysis*. Cambridge: Cambridge University Press.

Atkinson, P. (2013) 'Ethnography and craft knowledge', *Qualitative Sociology Review*, 9 (2): 56–63.

Austin, J.L. (1962) *How to Do Things with Words*. Oxford: Oxford University Press.

Banks, M. (2018) *Using Visual Data in Qualitative Analysis* (Book 5 of *The SAGE Qualitative Research Kit*, 2nd ed.) London: Sage.

Barbour, R. (2018) *Doing Focus Groups* (Book 4 of *The SAGE Qualitative Research Kit*, 2nd ed.). London: Sage.

Bazeley, P. (2013) *Qualitative Data Analysis: Practical Strategies*. London: Sage.

Bazeley, P. and Jackson, K. (2013) *Qualitative Data Analysis with NVivo*, 2nd ed. London: Sage.

Becker, H.S. (1998) *Tricks of the Trade: How to Think about Your Research While You're Doing It*. Chicago and London: University of Chicago Press.

Becker, H.S. (2007) *Writing for Social Scientists: How to Start and Finish Your Thesis, Book or Article*, 2nd ed. Chicago and London: University of Chicago Press.

Bhaskar, R. (2011) *Critical Realism: A Brief Introduction*. London: Routledge.

Bird, C.M. (2005) 'How I stopped dreading and learned to love transcription', *Qualitative Inquiry*, 11 (2): 226–48.

Blumer, H. (1954) 'What is wrong with social theory?', *American Sociological Review*, 18: 3–10.

Bogdan, R. and Biklen, S.K. (1992) *Qualitative Research for Education: An Introduction to Theory and Methods*. Boston: Allyn & Bacon.

Brewer, J.D. (2000) *Ethnography*. Buckingham: Open University Press.

Brinkmann, S. and Kvale, S. (2018) *Doing Interviews* (Book 2 of *The SAGE Qualitative Research Kit*, 2nd ed.). London: Sage.

Bryman, A. (1988) *Quantity and Quality in Social Research*. London: Unwin Hyman/ Routledge.

Charmaz, K. (1990) '"Discovering" chronic illness: using grounded theory', *Social Science and Medicine*, 30: 1161–72.

Charmaz, K. (2003) 'Grounded theory', in J.A. Smith (ed.), *Qualitative Psychology: A Practical Guide to Research Methods*. London: Sage, pp. 81–110.

Charmaz, K. (2014) *Constructing Grounded Theory: A Practical Guide Through Qualitative Analysis*, 2nd ed. London and Thousand Oaks, CA: Sage.

Charmaz, K. (2015) 'Grounded theory', in J.A. Smith (ed.), *Qualitative Psychology: A Practical Guide to Research Methods*, 3rd ed. London: Sage, pp. 53–84.

Charmaz, K. and Mitchell, R.G. (2001) 'Grounded theory in ethnography', in P. Atkinson, A. Coffey, S. Delamont, J. Lofland and L. Lofland (eds), *Handbook of Ethnography*. London and Thousand Oaks, CA: Sage, pp. 160–74.

Clarke, A.E. (2005) *Situational Analysis: Grounded Theory after the Postmodern Turn*. Thousand Oaks, CA: Sage.

Coffey, A. (2018) *Doing Ethnography* (Book 3 of *The SAGE Qualitative Research Kit*, 2nd ed.). London: Sage.

Coffey, A. and Atkinson, P. (1996) *Making Sense of Qualitative Data Analysis: Complementary Research Strategies*. London and Thousand Oaks, CA: Sage.

Corbin, J.M. and Strauss, A.L. (2015) *Basics of Qualitative Research: Techniques and Procedures for Developing Grounded Theory*, 4th ed. Thousand Oaks, CA: Sage.

Crotty, M. (1998) *The Foundations of Social Research: Meaning and Perspective in the Research Process*. London and Thousand Oaks, CA: Sage.

Cryer, P. (2000) *The Research Student's Guide to Success*. Buckingham: Open University Press.

Daiute, C. and Lightfoot, C. (eds) (2004) *Narrative Analysis: Studying the Development of Individuals in Society*. Thousand Oaks, CA: Sage.

Delamont, S., Atkinson, P. and Parry, O. (1997) *Supervising the PhD: A Guide to Success*. Buckingham: The Society for Research into Higher Education and Open University Press.

Denzin, N.K. (1970) *The Research Act: A Theoretical Introduction to Sociological Methods*. Chicago: Aldine.

Denzin, N.K. (1989) *Interpretive Interactionism*. Newbury Park, CA and London: Sage.

Denzin, N.K. (1997) *Interpretive Ethnography*. London: Sage.

Denzin, N.K. (2004) 'The art and politics of interpretation', in S.N. Hesse-Biber and P. Leavy (eds), *Approaches to Qualitative Research*. New York: Oxford University Press, pp. 447–72.

Denzin, N.K. and Lincoln, Y.S. (1998) 'Entering the field of qualitative research', in N.K. Denzin and Y.S. Lincoln (eds), *Strategies of Qualitative Inquiry*. London: Sage.

Dey, I. (1993) *Qualitative Data Analysis: A User-Friendly Guide for Social Scientists*. London and New York: Routledge.

Edwards, D. and Potter, J. (1992) *Discursive Psychology*. London: Sage.

Emerson, R.M., Fretz, R.I. and Shaw, L.L. (2001) 'Participant observation and fieldnotes', in P. Atkinson, A. Coffey, S. Delamont, J. Lofland and L. Lofland (eds), *Handbook of Ethnography*. London and Thousand Oaks, CA: Sage, pp. 352–68.

Emerson, R.M., Fretz, R.I. and Shaw, L.L. (2011) *Writing Ethnographic Fieldnotes*, 2nd ed. Chicago, IL: University of Chicago Press.

Fairclough, N. (2003) *Analysing Discourse: Textual Analysis for Social Research*. London: Routledge.

Fielding, N.G. and Lee, R.M. (eds) (1991) *Using Computers in Qualitative Research*, 2nd ed. London: Sage.

Fielding, N.G. and Lee, R.M. (1998) *Computer Analysis and Qualitative Research*. London: Sage.

Finch, J. (1984) '"It's great to have someone to talk to": the ethics and politics of interviewing women', in C. Bell and H. Roberts (eds), *Social Researching: Politics, Problems, Practice*. London: Routledge, pp. 70–87.

Flick, U. (2014) *An Introduction to Qualitative Research*, 5th ed. London: Sage.

Flick, U. (2018a) *Doing Triangulation and Mixed Methods* (Book 9 of *The SAGE Qualitative Research Kit*, 2nd ed.). London: Sage.

Flick, U. (2018b) *Designing Qualitative Research* (Book 1 of *The SAGE Qualitative Research Kit*, 2nd ed.). London: Sage.

Flick, U. (2018c) *Managing Quality in Qualitative Research* (Book 10 of *The SAGE Qualitative Research Kit*, 2nd ed.). London: Sage.

Flick, U. (2018d) *Doing Grounded Theory* (Book 8 of *The SAGE Qualitative Research Kit*, 2nd ed.). London: Sage.

Flick, U., von Kardorff, E. and Steinke, I. (eds) (2004) *A Companion to Qualitative Research*. London: Sage.

Foucault, M. (1973) *The Birth of the Clinic: An Archaeology of Medical Perception*. London: Tavistock Publications.

Foucault, M. (1977) *Discipline and Punish: The Birth of the Prison*. London: Allen Lane.

Foucault, M. (1979) *The History of Sexuality, Vol 1: An Introduction*. London: Allen Lane.

Frank, A.W. (1995) *The Wounded Storyteller: Body, Illness and Ethics*. Chicago and London: University of Chicago Press.

Friese, S. (2012) *Qualitative Data Analysis with ATLAS.ti*. London: Sage.

Garfinkel, H. (1984) *Studies in Ethnomethodology*. Cambridge: Polity.

Geertz, C. (1975) 'Thick description: toward an interpretive theory of culture', in C. Geertz (ed.), *The Interpretation of Cultures*. London: Hutchinson, pp. 3–30.

Gibbs, G.R. (2002) *Qualitative Data Analysis: Explorations with NVivo*. Buckingham: Open University Press.

Giorgi, A. and Giorgi, B. (2003) 'Phenomenology', in J.A. Smith (ed.), *Qualitative Psychology: A Practical Guide to Research Methods*. London: Sage, pp. 25–50.

Glaser, B.G. (1978) *Theoretical Sensitivity: Advances in the Methodology of Grounded Theory*. Mill Valley, CA: Sociology Press.

Glaser, B.G. (1992) *Emergence vs Forcing: Basics of Grounded Theory Analysis*. Mill Valley, CA: Sociology Press.

Glaser, B.G. and Strauss, A.L. (1967) *The Discovery of Grounded Theory: Strategies for Qualitative Research*. Chicago: Aldine.

Goffman, E. (1990) *The Presentation of Self in Everyday Life*. Harmondsworth: Penguin.

Gouldner, A. (1973) *For Sociology: Renewal and Critique in Sociology Today*. London: Penguin.

Gregory, D., Russell, C.K. and Phillips, L.R. (1997) 'Beyond textual perfection – transcribers as vulnerable persons', *Qualitative Health Research*, 7: 294–300.

Guba, E.G. and Lincoln, Y.S. (1989) *Fourth Generation Evaluation*. Newbury Park, CA: Sage.

Hartley, J. (1989) 'Tools for evaluating text', in J. Hartley and A. Branthwaite (eds), *The Applied Psychologist*. Milton Keynes: Open University Press.

Hesse-Biber, S.N. and Leavy, P. (eds) (2004) *Approaches to Qualitative Research: A Reader on Theory and Practice*. New York and Oxford: Oxford University Press.

Howell, K. (2012) *An Introduction to the Philosophy of Methodology*. London: Sage.

Kahneman, D. (2011) *Thinking, Fast and Slow*. London: Penguin.

King, N. (1998) 'Template analysis', in G. Symon and C. Cassell (eds), *Qualitative Methods and Analysis in Organizational Research*. London: Sage.

King, N. and Brooks, J.M. (2017) *Template Analysis for Business and Management Students*. London: Sage.

Kuckartz, U. (2014) *Qualitative Text Analysis: A Guide to Methods, Practice and Using Software*. London: Sage.

Kvale, S. (1988) 'The 1000-page question', *Phenomenology and Pedagogy*, 6: 90–106.

Kvale, S. (1996) *InterViews: An Introduction to Qualitative Research Interviewing*. Thousand Oaks, CA: Sage.

Labov, W. (1972) 'The transformation of experience in narrative syntax', in W. Labov (ed.), *Language in the Inner City: Studies in the Black English Vernacular*. Philadelphia: University of Pennsylvania Press, pp. 354–96.

Labov, W. (1982) 'Speech actions and reactions in personal narrative', in D. Tannen (ed.), *Analyzing Discourse: Text and Talk*. Washington DC: Georgetown University Press, pp. 219–47.

Labov, W. and Waletsky, J. (1967) 'Narrative analysis: oral versions of personal experience', in J. Helm (ed.), *Essays on the Verbal and Visual Arts*. Seattle: University of Washington Press, pp. 12–44.

Lewins, A. and Silver, C. (2014) *Using Software in Qualitative Research: A Step-by-Step Guide*, 2nd ed. London: Sage.

Lofland, J., Snow, D., Anderson, L. and Lofland, L.H. (2006) *Analyzing Social Settings: A Guide to Qualitative Observation and Analysis*. Belmont, CA: Wadsworth/Thomson.

Marshall, C. and Rossman, G.B. (2015) *Designing Qualitative Research*, 6th ed. London: Sage.

Maso, I. (2001) 'Phenomenology and ethnography', in P. Atkinson, A. Coffey, S. Delamont, J. Lofland and L. Lofland (eds), *Handbook of Ethnography*. London and Thousand Oaks, CA: Sage, pp. 136–44.

Mason, J. (1996) *Qualitative Researching*. London: Sage.

Mason, J. (2002) *Qualitative Researching*, 2nd ed. London: Sage.

Maxwell, J.A. (2012) *A Realist Approach for Qualitative Research*. London: Sage.

Maykut, P. and Morehouse, R. (2001) *Beginning Qualitative Research: A Philosophical and Practical Guide*. London: Routledge Falmer.

McAdams, D. (1993) *The Stories We Live By: Personal Myths and the Making of the Self*. New York: Guilford Press.

Merton, R.K. (1968) *Social Theory and Social Structure*. New York and London: Free Press.

Miles, M.B. and Huberman, A.M. (1994) *Qualitative Data Analysis: A Sourcebook of New Methods*. Beverly Hills, CA: Sage.

Miles, M.B., Huberman, A.M. and Saldaña, J. (2013) *Qualitative Data Analysis: A Sourcebook of New Methods*, 2nd ed. Thousand Oaks, CA: Sage.

Mills, C.W. (1940) 'Situated actions and vocabularies of motive', *American Sociological Review*, 5 (6): 439–52.

Mishler, E.G. (1986) 'The analysis of interview narratives', in T.R. Sarbin (ed.), *Narrative Psychology*. New York: Praeger, pp. 233–55.

Mishler, E.G. (1991) 'Representing discourse: the rhetoric of transcription', *Journal of Narrative and Life History*, 1: 255–80.

Moustakas, C. (1994) *Phenomenological Research Methods*. Thousand Oaks, CA: Sage.

Park, J. and Zeanah, A.E. (2005) 'An evaluation of voice recognition software for use in interview-based research: a research note', *Qualitative Research*, 5 (2): 245–51.

Parker, I. (2003) *Critical Discursive Psychology*. London: Palgrave Macmillan.

Paul, G.J. (2011) *How to Do Discourse Analysis: A Toolkit*. London: Routledge.

Peirce, C.S. (1958) *Collected Papers of Charles Sanders Peirce, Vols. 1–8, 1931–1935*. Cambridge, MA: Harvard University Press.

Plummer, K. (2001) *Documents of Life 2: An Invitation to a Critical Humanism*. London: Sage.

Poland, B.D. (2001) 'Transcription quality', in J.F. Gubrium and J.A. Holstein (eds), *Handbook of Interview Research: Context and Method*. Thousand Oaks, CA: Sage, pp. 629–49.

Popper, K. (1989) *Conjectures and Refutations*, 5th ed. London: Hutchinson.

Potter, J. (1996) *Representing Reality: Discourse, Rhetoric, and Social Construction*. London: Sage.

Potter, J. and Wetherell, M. (1987) *Discourse and Social Psychology: Beyond Attitudes and Behaviour*. London: Sage.

Rabinow, P. (ed.) (1986) *The Foucault Reader*. Harmondsworth: Penguin.

Rapley, T. (2018) *Doing Conversation, Discourse and Document Analysis* (Book 7 of *The SAGE Qualitative Research Kit*, 2nd ed.). London: Sage.

Richardson, L. (2004) 'Writing: a method of inquiry', in S.N. Hesse-Biber and P. Leavy (eds), *Approaches to Qualitative Research: A Reader on Theory and Practice*. New York and Oxford: Oxford University Press, pp. 473–95.

Ricoeur, P. (1984) *Time and Narrative*, trans. K. McLaughlin and D. Pellauer, Chicago, IL: University of Chicago Press.

Riessman, C.K. (1993) *Narrative Analysis*. Newbury Park, CA and London: Sage.

Ritchie, J. and Lewis, J. (eds) (2003) *Qualitative Research Practice: A Guide for Social Science Students and Researchers*. London: Sage.

Ritchie, J., Lewis, J., McNaughton Nicholls, C. and Ormston, R. (eds) (2014) *Qualitative Research Practice: A Guide for Social Science Students and Researchers*, 2nd ed. London: Sage.

Ritchie, J., Spencer, L. and O'Connor, W. (2003) 'Carrying out qualitative analysis', in J. Ritchie and J. Lewis (eds), *Qualitative Research Practice: A Guide for Social Science Students and Researchers*. London: Sage, pp. 219–62.

Ryen, A. (2004) 'Ethical issues', in C.F. Seale, G. Gobo, J.F. Gubrium and D. Silverman (eds), *Qualitative Research Practice*. London: Sage, pp. 230–47.

Saldaña, J. (2016) *The Coding Manual for Qualitative Researchers*, 3rd ed. London: Sage.

Salmons, J. (2016) *Doing Qualitative Research Online*. London: Sage.

Seale, C.F. (1999) *The Quality of Qualitative Research*. London: Sage.

Seale, C.F. (2002) 'Cancer heroics: a study of news reports with particular reference to gender', *Sociology*, 36: 107–26.

Silver, C. and Lewins, A. (2014) *Using Software in Qualitative Research: A Step-by-Step Guide*, 2nd ed. London: Sage.

Silverman, D. (ed.) (1997) *Qualitative Research: Theory, Method and Practice*. London: Sage.

Silverman, D. (2000) *Doing Qualitative Research: A Practical Handbook*. London: Sage.

Silverman, D. (ed.) (2004) *Qualitative Research: Theory, Method and Practice*, 2nd ed. London: Sage.

Smith, J.A. (1995) 'Semi-structured interview and qualitative analysis', in J.A. Smith, R. Harré and L. Van Langenhove (eds), *Rethinking Methods in Psychology*. London: Sage, pp. 9–26.

Spencer, L., Ritchie, J., O'Connor, W., Morrell, G. and Ormston, R. (2014) 'Analysis in practice', in J. Ritchie, J. Lewis, C. McNaughton Nicholls and R. Ormston (eds), *Qualitative Research Practice: A Guide for Social Science Students and Researchers*, 2nd ed. London: Sage, pp. 295–346.

Strauss, A.L. (1987) *Qualitative Analysis for Social Scientists*. Cambridge: Cambridge University Press.

Strauss, A.L. and Corbin, J. (1990) *Basics of Qualitative Research, Grounded Theory Procedures and Techniques*. Thousand Oaks, CA: Sage.

Strauss, A.L. and Corbin, J. (1997) *Grounded Theory in Practice*. London: Sage.

Strauss, A.L. and Corbin, J. (1998) *Basics of Qualitative Research: Techniques and Procedures for Developing Grounded Theory*, 2nd ed. Thousand Oaks, CA: Sage.

Strübing, J. (2010) 'Research as pragmatic problem-solving: the pragmatist roots of empirically-grounded theorizing', in A. Bryant and K. Charmaz (eds), *The SAGE Handbook of Grounded Theory*. London: Sage, pp. 580–601

Titscher, S., Meyer, M., Wodak, R. and Vetter, E. (2000) *Methods of Text and Discourse Analysis*. London: Sage.

Van Maanen, J. (1988) *Tales of the Field: On Writing Ethnography*. Chicago, IL: University of Chicago Press.

Walkerdine, V. (1991) *Schoolgirl Fictions*. London: Verso.

Weaver, A. and Atkinson, P. (1994) *Microcomputing and Qualitative Data Analysis*. Aldershot: Avebury.

Wodak, R. and Krzyzanowski, M. (eds) (2008) *Qualitative Discourse Analysis in the Social Sciences*. Basingstoke: Palgrave Macmillan.

Wolcott, H.F. (2009) *Writing up Qualitative Research*, 3rd ed. Newbury Park, CA and London: Sage.

图书在版编目(CIP)数据

质性资料分析:第二版/(英)格雷厄姆·R.吉布
斯著;林小英译.—上海:格致出版社:上海人民出
版社,2023.7
(格致方法·质性研究方法译丛)
ISBN 978 - 7 - 5432 - 3460 - 4

Ⅰ.①质…　Ⅱ.①格…　②林…　Ⅲ.①社会科学-研
究方法　Ⅳ.①C3

中国国家版本馆 CIP 数据核字(2023)第 083190 号

责任编辑　刘　茹　顾　悦
装帧设计　路　静

格致方法·质性研究方法译丛
质性资料分析(第二版)
[英]格雷厄姆·R.吉布斯　著
林小英　译

出　　版　格致出版社
　　　　　上海人从出版社
　　　　　(201101　上海市闵行区号景路 159 弄 C 座)
发　　行　上海人民出版社发行中心
印　　刷　上海商务联西印刷有限公司
开　　本　635×965　1/16
印　　张　14.75
插　　页　2
字　　数　205,000
版　　次　2023 年 7 月第 1 版
印　　次　2023 年 7 月第 1 次印刷
ISBN 978 - 7 - 5432 - 3460 - 4/C · 295
定　　价　65.00 元

格致方法·质性研究方法译丛